現代学校改革
と
子どもの参加の権利

子ども参加型学校共同体の確立をめざして

喜多 明人 編著

学文社

この本を読まれる方々へ
―本書の趣旨と経過―

　学校は，いま危機に瀕している。

　内部的には，「国民的教養」の公共性，共通性への揺らぎなど公教育の質が問われはじめ，経営的には，民間企業やＮＰＯ法人等の学校運営参入が課題となり，また「不登校」問題などを契機として，地域における「学校外の居場所づくり」が進行するなどして，「学校の相対的存在」化―すなわち子どもの学習権実現の選択肢のひとつという相対的な位置―の問題も生じている。

　私たちは，このような日本の学校の現実を直視しつつ，学校が21世紀に生き残り，発展していくためには，子どもや保護者，地域住民等の意思やニーズを学校が謙虚に受けとめて，"ともに学び，支え合う学校"にしていかなければならない，と考える。

　本書の副題にある「学校共同体」という"学校改革"上のカテゴリーはそのような方向性への指針として示したものである。

　こうした動きは，各地で「学校協議会」づくりとして現実化しつつあるし（本書，第Ⅱ部以下参照），国レベルでも，2000（平成12）年4月，「学校評議員」制度が任意制ではあるが全国的に施行され（学校教育法施行規則23条の3），「開かれた学校づくり」の教育施策を背景にして，保護者・地域住民などの学校運営への参加が模索されはじめている。

　私たちは，このような学校共同体づくりの改革の中で"子ども参加型の学校共同体づくり"に基本的立脚点をおくことにした。なぜなら，ユニセフ等（『世界子供白書2003』など）の国際社会がめざす「子どもの参加の権利」保

障は学校改革においても核心のひとつであり、それゆえに学校改革における基本的な実践課題となりえると考えたからである。ところが、かような国際的潮流の中で、日本では、今日に至るまで、子どもの参加については、その学校改革的な意義や役割が十分に理解されず、また実践的な困難性も伴うため、必ずしも学校現場で定着しつつあるとは言い難い。そのような中で日本政府は、1994（平成6）年4月に、「子ども（児童）の権利に関する条約」を批准し、国内法として受け入れた。この条約12条・意見表明権などに基づいて、子ども・生徒による地域社会や学校活動全般への意見表明・参加の動きが活発化し、従来の教育関係の見直し―たとえば「パートナーシップ」関係の模索など―がはじまっている。

本書では、こうした動向をふまえて、日本の学校改革がいかに進み、「専門職学校自治」の枠組みを超えて、子どもや保護者、住民など素人（レイマン）による学校参加がどのように進展しているか。進んでいないとしたら何が課題となっているのか。また、このような学校参加によって、現代学校、とくにその基盤となる教育関係、人間関係にいかなる変化・変容を及ぼしているのか、その現状を把握するとともに、今後の学校改革の展望のひとつとしての、"子ども参加型学校共同体"づくりの実践的な展望にせまることにしたい。

なお、本書においてそのような理論的考察（I部）を可能にしたのは、大学院を中心に置いた約4年間にわたる教育参加に関する意識・実態調査であった。

私たちは、2000年度より、早稲田大学教育総合研究所の共同研究を開始し、これを維持するとともに、科学研究費補助金基礎研究C「地域における学校などの教育形態の変容と教育関係の再生に関する研究」に基づき、主に「児童・生徒、保護者、住民の学校参加」に関する研究のため、早稲田大学教員及び大学院文学研究科の大学院生のほか、研究協力者として荒牧重人氏（山梨学院大学）及び松倉聡史氏（名寄市立名寄短期大学）にも参加いただき共同研究・調査を行ってきた。さらに2003（平成15）年度科学研究費補助金基礎研究C「地域社会の変容と学校コミュニティの可能性に関する教育関係論的研究」に

おいて，上記のメンバーに加えて田代高章氏（岩手大学）にも参加いただき「地域・学校参加」に関する研究をすすめ，地域調査等を行ってきた。その中で「地域・学校参加」の実態把握のために，「児童・生徒，保護者，住民の地域社会及び学校への参加と教育関係に関する研究のための調査研究アンケート」など，地域，学校および教育委員会の実地調査を重ねてきた。

　本書は，比較的若年層の研究者集団により執筆されているが，その多くが全国的な地域・学校現場の意識調査や開拓的な学校づくり実践の分析を主眼においたものであり，今後の，「子ども参加型教育改革」を方向づけている点で，教育界とくに学校改革に関心をもつ教育関係者・市民，行政職員，学生の方々に十分に活用いただけるものと考える。

　本書は，以上のとおり全国の多くの教育関係者のご協力によって成り立っており，ここに感謝の意を表するとともに，この共同研究について，終始あたたかく見守っていただいてきた早稲田大学教育総合研究所のスタッフ及び学文社編集部の方々にお礼を申し上げたい。

　　　　　　　　　　　　　　　　　　　　2004 年 3 月　編者

目　次

この本を読まれる方々へ──本書の趣旨と経過

Ⅰ　現代学校改革と子どもの参加の権利の保障
- ■　現代学校と子どもの参加の権利の意義 ……………………………………… 3
  ──学校における"選択と参加"を問う──
- ■　イギリスにおける学校理事会制度の改革と課題 …………………………… 16
- ■　海外における子どもの参加支援理論の展開と課題 ………………………… 24
- ■　学習観と子どもの参加 ………………………………………………………… 39
  ──「学習権」に関する中学生意識調査から──

Ⅱ　地域・自治体における子ども参加と学校改革
- ■　川崎市子どもの権利条例と子ども参加の進展 ……………………………… 51
  - □　川崎市子どもの権利条例の制定過程 …………………………………… 51
    ──市民参加・子ども参加による条例づくり──
  - □　子どもの権利保障のための基盤づくり ………………………………… 73
    ──「学校教育推進会議」など条例実施にみる成果と課題──
- ■　北海道幕別町の子ども参加実践と学校運営改革 …………………………… 85
- ■　埼玉県鶴ヶ島市の学校改革と「学校協議会」 ……………………………… 104

Ⅲ　学校評議員制度の現状と参加の課題
- ■　学校評議員（もしくは類似）制度の実施状況と課題 ……………………… 135
- ■　学校評議員（もしくは類似）の学校慣習法的発展の可能性 ……………… 151
  - □　学校評議員制度の地域・学校慣習法的な展開 ………………………… 151
  - □　学校評議員（もしくは類似）制度設置・運営に関する学校内規の考察 ……… 157

資料編
- ■　川崎市子どもの権利に関する条例 …………………………………………… 169
- ■　国連・子どもの権利に関する条約（抄） …………………………………… 177

I 現代学校改革と子どもの参加の権利の保障

(写真)
北海道中川郡幕別町立札内北小学校

現代学校と子どもの参加の権利の意義
―学校における"選択と参加"を問う―

1 問題設定

　21世紀は，まちがいなく「地方分権・自治」の時代となる。日本の学校は，これまで以上に地域の住民自治の下で改革が進められることになろう。加えて教育界では，国連で採択され日本も批准した「子どもの権利に関する条約」（以下，「子どもの権利条約」という）の理念，その中でも「権利行使の主体」としての子ども観や，「子どもの参加の権利」の理念が注目されてくると思われる。そのような時代的趨勢の下で，学校改革の主体としての子どもや地域住民，親・保護者の存在がクローズアップされてきているが，これらの主体による学校改革・学校運営への関与を裏づける教育法学の理論的基盤は相当に脆弱なものであるといわざるをえない。とくにこれまで，日本の学校運営管理の定型としては，その意思決定システムの中で子どもや親・保護者，地域住民の意思が明治以来1世紀を超えて排除されてきた中で，教育運動論および教育法原理論としての学校自治論を別にすれば，その学校の意思決定システムへの参加・関与の法的な根拠やあり方について研究対象化されることが少なかったといえる。とくに，教育法社会学的研究の立ち遅れもあり，現実的に子ども，親・保護者，地域住民の学校運営関与による改革を法的に支援していくしくみや原則が教育法的実践の中で十分には確かめられてこなかった。

そこで本稿では，今日の学校への住民・親等の関与を方向づけてきた二つの関与形態，すなわち，学校をめぐる「選択と参加」をめぐる状況を検討し，「学校選択制」の問題点を指摘するとともに，学校改革の方向性として参加主導型の学校改革の意義を教育法社会学的な視座から深めたい。その際には，とくに学校運営参加の支援立法を含む「川崎市子どもの権利に関する条例」（以下，「川崎市子どもの権利条例」もしくは単に「条例」という）が2000年12月21日に川崎市議会で制定・公布されたことから，その支援立法化の分析を通して，学校における意思決定システムへの参加権行使の課題にせまろうと思う。

2　選択か参加か

学校運営関与の二形態

　周知のとおり，1998年9月21日の中教審答申「今後の地方教育行政の在り方について」を受けて，近年，校長の「リーダーシップ」のもとで学校の運営について親・保護者・住民が関与するしくみが模索され始めている。そのような動きを含めて今日まで，学校への親・保護者，住民等の関与の有り様は，今日の教育政策の影響下で，大きく以下の二つの動きに集約される。

　ひとつは，「学校選択制」「選択の自由」系の学校関与である。1996年の行政改革委員会報告『規制緩和の推進に関する意見（第二次）』により「規制緩和」の方向が打ち出され，1997年1月，文部省は，「通学区域の弾力化」をはかる旨通知を出した。これを受けて，各自治体で学校の選択制が模索されはじめ，1999年には，三重県紀要町を皮切りとして，2000年東京都品川区で小学校の選択制が導入され，2003年度現在で，都内23区の内で20区の小，中学校で学校選択制を採用する状況下となった。

　二つは，「学校運営参加」系の関与である。その象徴とも言える「学校評議員」制度については，これまで全国の高校，小中学校で多様な形態が模索され

ている。2000年10月1日現在で，都道府県22団体，指定都市2団体，合計24団体で学校評議員が設置されている。うち，群馬，岐阜，三重，滋賀，大分の5県では第Ⅲ部で詳述するとおり，県立学校の全校で評議員制度が導入された。[1] この動きは，あとでのべる地域や学校の内部慣行として形成されてきた「学校協議会」づくりの動きとも，保護者・住民の学校運営参加という点で共通点を持ち，その係わりについては次項で論じたい。

まず，今日，このような学校改革の二つの道筋を踏まえつつ学校選択制の検討から入りたい。

公立学校の選択制の実施とその意味

学校選択制は，従来から「私学教育の自由」との関係が深い。戦前来，都市部に限ってではあるが，私立学校が「学校の自治」「教育の自由」の一角を占め，とくに親・保護者の学校選択の自由を担保してきたところに大きな意義を有していたといってよい。

公立学校の選択制の場合は，これまで新自由主義を背景に市場原理に基づく競争社会や受益者負担の拡大という基本的問題点をかかえつつ，他方，広い意味での親・保護者，住民の「教育の自由」に貢献し，子どもの教育への意思表明，参加を助長する側面も認められてきた。[2] とくに，今日のようないじめ，体罰など子どもに向けられた暴力が深刻化し，著しくその人権を損なう事態も予測される状況下では，緊急避難として子どもや親・保護者が，人権救済や「不登校」問題解決の一環として学校選択制を積極的に活用する傾向にあるといえる。そこでは，公立学校間の選択に留まらず，フリースクールやチャータースクール，フォームエデュケーション，あるいはフリースペースなどの"新しい学びの場，居場所"という選択肢が現れはじめた。その設置主体たる市民・ＮＰＯの登場によって，かつての「営利企業化」を念頭に置いた教育の民営化・私事化批判とは別次元での"市民・ＮＰＯ的民営化"の積極的意義（たとえば，学校の人権教育におけるＣＡＰの参入など）が確かめられつつあ

る。[3]

　また，学校選択制の導入は，これまで「専門職学校」観のもとで，常に精神的，絶対的優位に立ち，安穏としていた学校教職員にいい意味での意識変革をもたらす可能性もある。現代の学校が，"選ぶ側から選ばれる"側に，いいかえれば絶対的存在から相対的な存在に変容し，それゆえに危機意識を喚起することで，これまでの閉鎖的な専門職自治から親・保護者，地域住民，子どもとともに実質的に支えあっていく「地域教育共同体」への志向を加速することもありうる。

　ただし，他方で，今日の「教員バッシング」の世論と行政による学校管理強化，とりわけ東京都など教員人事考課等，教職員の管理統制政策が進行する中では，必ずしも学校選択制による教員へのプレッシャーがいい方向に向けられるとは限らない。むしろ，"過剰人事評価"による監視型の管理に教職員全体が萎縮する傾向も生じている。したがって今は教職員を元気づけ，支援する見地から，ともに学校を支えあう「参加」論をこそ展開する時期にある，ともいえる。

　また，それだけでなく，以下の理由から，学校選択制のもつ限界，基本的問題点をふまえて，むしろ参加主導の学校関与を選択制に先行させることが望ましいと考えられる。

学校選択制の基本的問題点

　第一は，学校選択制の導入は，基本的には，学区制の規制緩和による子どもや親・保護者の依拠すべき地域的基盤を崩壊させる危険性があることである。地域の校区を中心にしてすすめられてきた様々な人間関係づくり，とくに親，市民等による「地域ＰＴＡ」づくりなど子育てネットワーク化の努力が台無しにされる恐れが十分にあるといえる。しかも，子どもにとって地域は，かけがいのない育ち，学ぶ環境でもある。かつて学校の統廃合政策が進行した1970年代に，統廃合により「低学年児童らにとっての旧小学校への徒歩通学

による居住地域の自然との接触，それについての理解，また……児童らにとっての旧小学校と家庭との親密感，近距離感等旧小学校への就学によって維持される人格形成上，教育上の良き諸条件を失うことになり，それは（児童）らにとって，回復困難な損害といわねばならない。」（1976年6月18日「富山県立山小学校廃校処分取り消し訴訟」・名古屋高裁金沢支部判決）と司法判断されたが，選択制導入による通学区の広域化，バス通学等により，この「徒歩通学による自然との接触，理解」「家庭との緊密感，近距離感」など，育ち学ぶ環境条件を損なう可能性が大きい。自治体・教育委員会側の事情を言えば，義務教育期の少子化対策として住民にとって受け入れやすい学校統廃合の手段として学校選択制が利用されている向きもあり，統廃合に伴う学習環境権の侵害とまさに重なる問題を有してきたといえる。[4]

　第二は，受験過熱の問題である。品川区の例を見ても，地元情報として，いわゆる受験に熱心な"名門"小学校に実質的な希望が集中する傾向があり，これまで以上に教育の私事化と受験過熱に拍車をかけることが予測される。イギリスの例を見てもわかるとおり，学校選択制の導入の背景には，一般に学校における「学力低下」問題があり，市場原理と自己責任による学校間の競争によって，学力競争をはかる意図が明白であった。

　第三は，外部評価を重視して学校の選択を図る仕組みは，結局のところ，保護者・住民や子どもたちを「消費者」化することになる。選択という行為を通して，"商品としての学校教育活動の品定め"というべき"消費者的評価"を促すことで，かれらを学校運営の客体的な立場に立たせることになる。これでは，子どもや親・保護者，地域住民は，学校をともに支えあう主体としての，パートナー的認識を損ない，学校運営への実質的な参加をかえって妨げることにもなる。

　第四には，「子どもの参加の権利」の視点から見ると，学校選択の自由は，「親の教育の自由」の系の一制度原理として位置しており，そのことから必然的に，保護者の意思が子どもの意思に優先される結果を生み出す可能性が高い

ことである。品川区教育委員会や校長が示した選択のためのモデル校は,「個別学習推進校」「小・中学校一貫教育推進校」「国際理解教育推進校」などであり,子どもの意見表明権の行使は十分位置づけられてこなかったことは明白である。[5]

　以上のような基本的な問題点を有する学校の選択制の導入と拡大に関してはにわかに受け入れがたいものがあり,むしろ,学校内部への実質的な保護者・住民,そして子どもの参加を方向づける「学校参加」論をこそ発展させていくことが,21世紀の学校改革の本流となるべきである。

3　子どもの参加の権利と学校共同体形成の法理
　　―川崎市子どもの権利条例の分析を中心に

全国で進む学校参加

　近年に入り,国連による子どもの権利条約の採択,日本批准へと進む中で,「子どもの意見表明・参加の権利」が注目され,学校の教育活動ばかりでなく,運営面にも子どもの参加権行使の視点を入れた改善が図られるようになった。その象徴が,地域の高校や中学校レベルで進行している「学校協議会」づくりの動きであり,教職員と子ども・生徒との「二者協」から,親・保護者,地域住民代表を含む「四者協」まで,学校教育を支える専門的職種以外の,利害を異にする人びとの参加が求められるようになった。いわば"権利としての参加"に基づく学校改革が始まっている。

　また,自治体レベルでも,「学校評議員」制の導入に見られる教育政策上の動きに留まらず,教育運動を背景とした学校協議会づくり実践[6]や高知県,福島県三春町,東京都中野区(教育行政区民参加条例等),埼玉県鶴ヶ島市(全市的に「学校協議会」設置),川崎市(全市的に「学校教育推進会議」を試行)など自治体主導の学校参加施策などが多岐にわたって展開されている。

　その中で本稿では,「子どもの参加する権利」を条例で掲げ,その具体化としての四者協議の場として「学校教育推進会議」を推進しようとしている川崎

市の「子どもの権利に関する条例」の動きを検討しておきたい。川崎市子どもの権利条例は，1998年9月の川崎市子ども権利条例検討連絡会議（市長の諮問機関）およびその委嘱を受けた川崎市子ども権利条例調査研究委員会の1年9ヶ月に及ぶ審議を経て，2000年12月21日市議会において制定，公布された。その間，1998年3月の市民集会の審議等をもとにして同年6月に『中間報告書』が公表された。その後9月及び12月の市民集会を経て，2000年3月には『第一次骨子案』に基づき市民向けパンフレットが配布され，同月の行政区ごとの市民集会による骨子案説明・市民討議等をもとにして最終的な条例骨子案が2000年6月29日の『答申書』に付されて公表された。このような条例作成のプロセスをふまえ，以下，参加の権利保障を中心とした条例の動きを分析していくことにしたい。[7]

「権利としての参加」とは何か

　まず，条例上のキーワードとも言うべき「権利としての参加」とは何か。

　少なくともその行為は，参加活動一般とは区別される。"権利として"の参加とは，権利の本質としての人間的意思，要求の反映という意味合いが含まれた参加であり，参加していく対象としての社会的行為，事業，制度等の中でなされる意思決定のシステムに関与する行為である，といえる。

　ところでこの点とかかわり，近年，「参加」に代わって，「参画」という言葉が意識的に使われ始めていることにも注目しておこう。[8] 参画とは，一般に「政策決定の機構に加わることであり，この場合決定に対する影響力は有しても，決定の最終権限はない。」とする理解[9]などがある。これに対して，「参加」は，「参画」を含み，かつさまざまな関与の質や形態を包括しうる広い概念である。日本の場合，「見せかけの参加」など多義的に参加支援実践の質を問うことが大切な時期においては，固定的な意味合いの強い「参画」よりも「参加」という言葉を広く用いることが必要であると考えられる。[10] その意味では，「権利としての参加」の定義についても，「決定の共有」[11]を含む広い概

念づけが求められる。

たとえば学校運営管理面についての子どもや親・保護者，地域住民の「権利としての参加」という場合には，これまで，「要求権の行使」を除き学校の意思決定システムへの公的な関与を妨げられてきた長い歴史をもつ。それゆえに，その意思決定への関与の範囲はそれだけ広く取ることが必要である。具体的には，学校運営に関する「意見の聴取」レベルから始まり，傍聴参加，審議への参加，協議，企画提案，動議，反論提出，議案提出などの「関与」を通しての影響力の行使を含み，できる限り協議，「話し合い」（川崎市子どもの権利条例）を通しての合意，共同意思の形成を図ること，望ましい着地点としては「共同決定」（＝合意・共同決定権）までを含むものと考えたい。

学校における参加権行使の実践的課題

以上の実践的な「参加」の捉え方をふまえて，今後理論的には，"権利としての参加"の本質というべき学校における意思決定システムへの参加そして「共同決定」への実践的な課題を明らかにすることが重要であろう。

そこでは，学校の共同意思決定の参加主体として，子どもや親・保護者，地域住民がそれにふさわしい法的地位と責任，社会的役割の分担をなしえるかが基本的な実践課題となる。

子どもの参加する権利と参加支援の法制化

川崎市の条例前文は　以下のように「子どもの参加する権利」を高らかにうたっている。「子どもは，大人とともに社会を構成するパートナーである。子どもは，現在の社会の一員として，また，未来の社会の担い手として，社会の在り方や形成にかかわる固有の役割があるとともに，そこに参加する権利がある。そのためにも社会は，子どもに開かれる。」

この「子ども＝社会のパートナー」観に基づき，子どもの権利条約12条〜15条に依拠して，「参加する権利」を条例15条で以下のように明示した。

「第15条（参加する権利）　子どもは，参加することができる。そのために

は，主として次に掲げる権利が保障されなければならない。
（1）　自分を表現すること。
（2）　自分の意見を表明し，その意見が尊重されること。
（3）　仲間をつくり，仲間と集うこと。
（4）　参加に際し，適切な支援が受けられること。」

　これを受けた第4章「子どもの参加」の29条では，「(子どもの参加の促進)」の見出しの基で，「市は，子どもが市政等について市民として意見を表明する機会，育ち・学ぶ施設その他活動の拠点となる場でその運営等について構成員として意見を表明する機会又は地域における文化・スポーツ活動に参加する機会を諸施策において保障することが大切であることを考慮して，子どもの参加を促進し，又はその方策の普及に努めるものとする。」と規定し，子どもは，1）市民として，2）構成員として，参加する権利を有すると理解された。その意見については，市等による「尊重」義務（30条4項）が明記されている。なお，この"構成員としての参加"権の具体化として，2001年3月に市立学校に通知された『「学校教育推進会議」試行のための指針』では，「学校教育推進会議は，…学校（園）の運営等について，保護者，地域住民，幼児・児童・生徒，教職員，有識者等の意見の聴取とその説明等を行い，ともに協力し支え合うために学校（園）に置くものとする。」とし，「委員の構成等」に「①幼児・児童・生徒」を含めたところに特徴がある。

　では，子どもたちは，実際に市民として，学校や施設の構成員として意見表明し，参加する権利を行使することになるのか。残念ながら，今日の子ども世代の権利行使のハードルは意外に高い。別稿で述べたように，日本の子どもたちは，「自分自身」「仲間」「おとな」「情報」「受験」など，権利行使の障碍を幾重にも越えていかなければならない。[12] かつて実施した中野区子どもの権利意識調査においても，多くの子どもが「あきらめ」「めんどう」「やりかたがわからない」とつまずいている。

　参加を実質化していくためには，それを促す制度自体の改革以上に，その制

度を支える人びとの意識の変革が不可欠である。この条例では，その意味において参加制度自体の整備よりも，その制度を活用し参加しうる自治的な主体づくりの支援に精力が傾けられてきたといえる。川崎市子ども会議は，市政への意見反映の仕組みであるとともに，子ども側の意思表明母体としての子ども自治組織づくりの促進という意味を有しており，参加主体の支援という役割を期待されてきた（30条）。加えて条例は，「参加活動の拠点づくり」（31条）や，学校内における子どもの「自治的活動の奨励」（32条1項）を規定した。

親・保護者，住民の法的地位と参加権

親・保護者の参加権に関しては，すでに子どもの権利条約5条解釈において子どもの権利行使を指導していく親・保護者の権限行使とのかかわりで論拠づけられてきた[13]が，条例はこれをさらに進めて，親・保護者が，「その養育する子どもの権利の保障に努めるべき第一義的な責任者」（17条1項）であると宣言し，「子どもが権利を行使する際」の「支援」（17条2項）者であり，権利行使できない子ども（乳幼児等）については「その養育する子どもに代わり，その権利を行使する」（17条3項）代行者であるとも位置づけた。

地域住民の参加に関しては，第3章3節の26条「子どもの育ちの場等としての地域」において，「子ども…その他住民がそれぞれ主体となって，地域における子育て及び教育環境に係わる協議」等を行うことへの市の支援を謳い，地域住民が地域の子育ての主体者として明示された。学校に関しては，「より開かれた育ち・学ぶ施設を目指すため」（33条）の住民の参加に言及しているが，必ずしも法的な位置は明らかとは言えない。ただし，条例骨子第一次案では，「子どもを代位し支援する保護者，地域住民の参加する協議会」の設置（第一次案第5章の3）を提案してきた経緯からしても，子どもの参加・権利行使の支援者としての地位をもって提示されたとみることができる。それは発足以来10年余りの歴史をもつ「地域教育会議」（51中学校区に設置）における「教育への住民参加」活動の新たな発展段階として位置づけることができる。[14]

子ども参加支援型の学校共同体

　この条例では，以上のような親・保護者，地域住民の法的地位を踏まえつつ，学校に関与する彼らの社会的役割や責任について，大きく2つの考え方を示したといえる。

　一つは，"学校共同体の構成員としての親・保護者，住民"の役割であり，彼らに対して条例では学校を支える参加主体としての自覚を促す方向づけを行ってきたといえる。『中間報告』では，「保護者や市民，子どもたちの立場から言えば，単に，自分たちの不満を学校にぶつけるような"お客様"ではなく，互いに学校を良くしていく"共同経営者的立場"で学校の将来を考えること」[15]であると述べ，これを受けて『答申書骨子案』では「学校・施設等の諸活動をともに支えあっていくための協議会」（4章3の(2)）が提案された。条例33条で規定された「育ち・学ぶ施設を支え会う」ための「定期的な話し合いの場」の設置は，このような"学校共同体"観を受けて定められたといってよい。

　二つには，この条例で"子ども参加支援型の学校共同体"づくりを方向づけたことである。条例では，「子どもの参加」（第4章）を核として，子どもの権利行使を支援し，権利を代行する親・保護者，地域住民の参加を求めており，その点で，従来から論じられてきた住民統治型学校共同体の枠組み[16]と一線を画した（たとえば，ドイツ・ノルトライン・ヴェストファーレン州の学校参加法のように，子どもが成長していく段階ごとに親の定員比率を下げて，支援なしの生徒参加へ移行する制度も子ども参加支援の制度と考えられる）。その理由としては，「参加」経験が乏しく，子ども参加支援に余裕のない親・保護者や住民の学校参加が先行することでかえって子ども参加が埋没する恐れがあるという現実的な懸念と，子どもの参加活動・経験蓄積こそが将来の本格的な親・保護者，住民等の参加による地域学校共同体形成の歴史的な準備となる，という先見的な判断があったと思われる。

　さらに今後は，これまでの住民統治型と子ども参加支援型との学校共同体づくりにおける機能調整も実践的な課題となろう。たとえば，学校への参加の領

域として，①日常的な教育活動・運営レベル，②教育目標・計画の策定，評価レベル，③学校経営（人事，財政，施設整備等）レベルなどの協議事項の峻別と参加形態の多様性の確保が必要となる。基本的には①を中心に教職員と子どもとの二者協議，②③にかかわって，これに親・保護者，地域住民との共同を加えるというフレキシブルな参加形態（住民統治型四者協議まで）を模索していくことになろう。

学校慣習法の尊重

ところで，親・保護者や住民は，上記のとおり学校を支え合う参加主体への意識転換が求めれれてきているが，明治以来100年以上も学校の決定システムから遠ざけられてきた彼らが一朝一夕にこれを成し遂げることができるとは考えられない。各地域における学校参加に関する自治的慣習法の地道な形成が求められるゆえんである。その趣旨は，すでに『中間報告』段階で，「この機関は一律的に設けるものではなく，地域，学校の実情に即して自発的に設けられ，その学校としての独特の仕組みをもつものとして考えていきたい」と指摘されていたように，学校運営参加に関する慣習法的な発展を第一次的に求めていたためであるといえる。それは，本条の末尾が「努めなければならない」という努力義務に留められていることにもあらわれていたといえる。

おわりに

以上述べてきたとおり，子ども参加支援型の地域学校共同体への道は，一方で，内部慣習法としての定着が求められるが，他方，これを加速し，補強していくための地方自治立法的支援が必要であるといってよい。川崎市の学校教育推進会議の全市的取り組みは，その開拓的実践の一例であり，鶴ヶ島市や幕別町など，各地での経験の蓄積によってさらに花開いていくものといってよかろう。（第Ⅱ部参照）

註
（1）文部省地方課「学校評議員及びその類似制度の設置状況」『教育委員会月報』(13, 1)

（2）民主教育研究所『「学校選択」の検証（年報2000）』2000年，88ページ以下など。
（3）池上洋通・久富善之・黒沢推昭編『学校選択の自由化をどう考えるか』大月書店，78ページの「市民主義」も共感できる。
（4）拙著『学校環境と子どもの発見』エイデル研究所，1983年，参照。
（5）廣田健「東京都品川区における「通学区域のブロック化」の分析」『人間と教育』27，128ページ。
（6）嶺井正也「パートナーシップの確立と学校協議会の構想」国民教育文化研究所『教育総研年報'99』105ページ以下，田久保清志「高校の二者協議会と三者協議会」『高校の広場』36，36ページ以下など参照。
（7）条例の制定過程に関する基本文書は，以下の三点である。①川崎市子ども権利条例検討連絡会議『川崎市子ども権利条例をつくろう～市民討議に向けて～（経過と問題提起）』，1999年6月21日（以下，『中間報告』という）②川崎市子ども権利条例調査研究委員会『川崎市「子ども権利条例」骨子第一次案』2000年2年24日（概略版・川崎市子ども権利条例検討連絡会議『川崎市子ども権利条例骨子案—ご意見をお寄せ下さい』，2000年3月。
（8）ロジャー・ハート著（IPA日本支部訳）『子どもの参画』萌文社，2000年など。
（9）篠原一『市民参加』岩波書店，1977，115ページ。
（10）増山均「子どもの自治と社会参加の課題」喜多ほか編『子どもの参加の権利』三省堂，1996年69ページ以下，などが参考になる。
（11）拙著『新世紀の子どもと学校』エイデル研究所，95年，123ページ。
（12）拙著「権利行使の現状と課題」子どもの権利条約フォーラム実行委員会編『検証子どもの権利条約』日本評論社，1977年，56ページ以下。
（13）永井憲一・寺脇隆夫・喜多明人・荒牧重人編『［新解説］子どもの権利条約』日本評論社，2000年）64ページ。
（14）川崎の教育改革協議会『私たちの望む教育改革』1992年，『教育への住民参加—川崎市・地域教育会議調査報告書』（佐藤一子・小川正人ゼミ，1998年）など参照。
（15）『中間報告』38ページ。
（16）坪井由実「学校評議員制度と学校協議会」『高校のひろば』36巻，2000年。

（喜　多　明　人）

イギリスにおける学校理事会制度の改革と課題

　日本の学校評議員制度に類似する組織をイギリスの学校教育に求める場合，しばしば学校理事会（governing body）が言及されてきた。地域の代表者の知見を学校経営に反映させるという点から判断すれば，そのような指摘は誤りとは言いがたいであろう。しかし，1980年代から学校理事会に関して蓄積されてきた調査研究が示してきた成果[1]は，現状においては機能や編制，構成員の職務といった点をみるかぎり，両者には特にその機能に関して本質的な違いがあることを示している。本節では，イギリスの学校理事会について，その制度成立の背景，機能，構成と近年の改革動向について整理し，日本への示唆を読み取ることにしたい。

1　学校理事会改革の歴史的背景

　イギリスの初等・中等学校は，第二次大戦中から1944年教育法第17条の規定に基づいて，理事会を設け，理事をその学校の運営に関わらせることが求められてきた。ところが実際には，理事会のなすべき役割を明確に分ける努力不足や法制が機能してこなかったために，しばしばその設置が形骸化し，またたとえ理事会が設置されていても複数校に一つ置かれている場合もあって，個々の学校の運営改善には有効に機能しないといった状況が生じていた。

しかし1970年代を迎え，イギリス全体に見られる経済状況の悪化（イギリス病）の原因が教育にあるとの意見が強くなっていく中で，学校教育が提供する教育の水準を上昇させるために，親や地域代表といった学校外部の存在による発言こそが改善の鍵を握るとの主張が強まり，1977年には『学校の新しいパートナーシップ』（通称 Taylor 報告書）が刊行されることとなったのである。その中では，学校理事会の機能を充実させ，地域社会の代表や児童生徒の親を理事として学校に迎え入れることが提言されており，その後1980年代のいくつかの教育緑書（green paper）による制度案の検討が行われた結果，80年代のサッチャー保守党政権下における1986年第二教育法において，すべての初等・中等学校に理事会を設置し，学校運営の中心となることが法制化された。さらに1988年教育改革法において，自律的学校経営（LMS, Local Management of Schools）が制度化されることにより，学校理事会は学校の改善や規模拡大に関する実質的な経営主体として機能しなければならない組織と位置づけられることとなった。

　1988年以降現在までの10年以上にわたり，学校理事会はその役割を様々な形で実践してきたが，一方で多様な疑義や批判にさらされてきた。現在においても，随時いくつもの制度改革が実施され，その姿を少しずつ変えてきている。

2　学校理事会の機能

　学校理事会はすべての初等学校・中等学校に設置され，その学校の運営に関する大きな責任と権限を有している。2002年教育法第21条によって理事会は，「高い水準の教育成果を推進するという観点から学校運営の全般的な責任を有する」ものと位置づけられている。現在の主な機能は次のとおりである。[2]

▶　**教育課程編成における理事会の機能**…当該学校の教育課程については，理事会において（性教育に関する方針，ならびに宗教教育・集団礼拝に関する方針を含め）その学校における基本的な方針が決定される。理事会は学

年段階ごとの成績達成目標を設定し，校長はその方針に基づいて日常の教育課程を編成し，教育活動を進めていくことになる。また校長による日常の教育活動に関する報告を評価することによって，法律に基づいてナショナル・カリキュラムが適切に指導され，その評価システムが機能しているか確認することが理事会には求められている。

▶ **教職員の任免**…教職員の任免については，法規に基づいて理事会が校長ならびに教頭の採用を決定し，校長と副校長はその学校の教職員の構成を検討し，理事会が決定した定員を踏まえ，必要とされる教職員を選出することとされている。理事会は，全国的な給与決定文書に基づいて教職員の給与の決定も行う。さらにこうした人事方針を決定する校長・副校長を任免するのも理事会である。なお，毎年の教員評価方法の決定と検証も理事会の重要な機能と位置づけられている。

▶ **学校財務と予算**…学校財務については理事会が予算立案とその執行の責任を有している。校長は理事会の決定に基づきつつ，各種助成金を活用するための提案を行うことになる。日常的には校長が理事長から委任された権限内で支出を管理することになる。

▶ **学校要覧ならびに親の年次報告書作成，年次親大会の実施**…親による学校選択権が認められており，また地方教育当局から提供される補助金が児童生徒数に基づいて算出されているイギリスにおいては，まず全学的な成績を向上させることが重要であり，その上で学校情報を広く保護者，地方教育当局，および教育技能省に公開すること，すなわち優れた教育を行っているという情報を公開して進学希望者を増加させることが，その学校の生き残り策となる。情報公開方法として重視されているのは学校要覧と年次報告書であり，特に学校理事会の日常的な活動を一般の親に説明するための年次報告書は校長から提出される情報に基づいて，理事会が作成するもので，関係者への配布が義務づけられている。

なお，こうした情報や理事会の日常の活動を説明するために，少なくと

も年に一度「年次親会合（annual parents' meeting）の実施も理事会に求められている。
▶ **学校監察（インスペクション）後の活動計画の立案**…教育水準局（OFSTED）による学校監察（インスペクション）が実施され報告書が刊行された段階で，指摘されている当該学校の課題を改善していくことが学校理事会に課されている。具体的には「インスペクション後の活動計画」「学校開発計画」「学校改善計画」といった計画を立案し，戦略的な学校経営を実施することが求められている。

3 理事会と理事の構成

さて，以上のような広範にわたる職務を共同討議に基づいて果たすのが理事である。従来この理事は初等・中等学校別ならびに学校の規模に応じて，それぞれの類型の理事数が定められてきたが，1998年法に基づく公立学校体系の改革，および2003年春の規則改正により，理事の構成や理事会の規模が変更されることとなった。これは1998年に従来保守党政権で設置されてきたGM（国庫直接補助）学校が廃止されたことにより，学校類型が再編された結果である。その結果として，公立学校はその創設母体（主に教会）との関係で四種類に類型化されている。[3]

なお2003年9月から2006年9月までの間にすべての学校の理事会は全国法制に従いつつ独自の理事会の構成を検討しなければならなくなっており，その構成は各理事会が決定する「理事会規則」に明記される。なお各理事の割合を示す全国モデルは表のとおりである。[4]

❶ **親理事** 親理事はその学校の児童・生徒の親の中から親の投票によって選出される理事であり，子どもが在籍している限り再選出も認められる。地方教育当局の構成員に選出されている親や年間500時間以上学校で働いている親は親理事としての被選挙権が失われる。

表　新制度下での学校類型別理事の構成（9名～20名）

学校類型の名称	コミュニティ	ファウンデーション	ボランタリー・コントロール	ボランタリー・エイド
旧類型	カウンティ	GM		
親理事	3分の1以上	3分の1以上	3分の1以上	1名以上
教職員理事	2名以上 3分の1以下	2名以上 3分の1以下	2名以上 3分の1以下	2名以上 3分の1以下
地方教育当局理事	5分の1	1名以上 5分の1以下	1名以上 5分の1以下	1名以上 10分の1以下
コミュニティ理事	5分の1以上	10分の1以上	10分の1以上	0名
ファウンデーション理事	0名	2名以上 4分の1以下（パートナー理事も同数）	2名以上 4分の1以下	他の類型より2名多くする（必要なら2名まで追加可能）
スポンサー理事	2名以下可能	2名以下可能	2名以下可能	2名以下可能

出典：School Governance（Constitution）（England）Regulations 2003/348. 等より作成

❷　**教職員理事**　有給で勤務する教職員の中から選出される。最低2名以上で筆頭の理事は校長となる。ただし校長は理事にならないことも選択でき，その場合他の教員による補充はない。2名の場合は校長と教員が，3名の場合はさらに授業を担当していない職員の中から選出される。

❸　**地方教育当局理事**　地方教育当局によって任命される。一般的には地域の行政担当者，特に地方教育当局の関係者が選出される。学校類型によって人数は多様になっている。

❹　**コミュニティ理事**　学校が属しているコミュニティで生活しているか仕事をしている人々の中から学校運営の技量に優れていると判断された人が学校理事会によって任命される。2003年までは「共同選出理事」と呼ばれていた類型であったが，さらに地域と密接に関連付けることを志向して名称と構成が変更された。従来初等学校ではその地域のマイノリティの利害を代表する理事1名を追加することが求められていたが，現在ではその制度は廃止され，コミュニティ理事ないし地方教育当局理事として選出することが期待されている。

❺ **ファウンデーション（創設団体）理事** 教会やその他の団体といった，当該学校を創設した組織によって任命される。イギリスの場合，公立学校制度そのものが多様であり，歴史的背景を踏まえつつ民間団体が創設した学校に公費を提供することで公立学校と位置づけてきている。特に前出のGM学校は地方教育当局との関係を最小限としていたため，GM制度の廃止により，従来中央政府と直接関係を結ぶことで運営されてきた学校が改めて地方教育当局との関係構築を迫られることとなった。この場合に，学校の独自性を保障するためにも，創設団体の意向を学校運営に十分反映させることが必要とされており，その代表としておかれる理事がファウンデーション理事である。ただし創設団体がない場合には，パートナーシップ理事と呼ばれ，卒業生の親や地域の関係者が選出される。

❻ **スポンサー理事** 特に経済的な支援を当該学校になしうる人物が任命される。必置ではなく，最高2名とされている。

❼ **共同メンバー** 新制度では理事以外で学校運営について意見や経験を有する人物を共同メンバーとして任命し，理事会に出席を求めることができることとなった。この類型には生徒，教職員，財政面での支援者などを含むことができる。

以上の類型を合計して9名から20名程度の理事からなる理事会を2006年までに設置することが求められている。なお従来とは異なり学校理事会の規模と学校類型，児童生徒数とは関連させないこととなった。

以上のような構成で注目されるのは，理事会を構成するメンバーの中で教職員理事が常に親理事よりも少数となっており，理事会内の過半数を占めないように配分されている点である。学校理事会が，専門職である教師の専断を防止するための素人統制（レイマン・コントロール）を行う機関として位置付けられていることが窺われる。

また学校理事会が本格的に導入されて理事構成が法制化された1986年以降，1980年代前半まで一部の学校で見られた生徒代表理事は消滅していたが，「共

同メンバー」制度の導入によって，今後は学校理事会の諸活動に生徒の意見が反映できる可能性が高まった点も注目される。

さて，以上のように学校運営に地域や親の代表を参入させるという本制度は実効性のあるものなのであろうか。言い換えれば，激務を学校運営について素人であることが多い親や地域の代表者が務めることが可能なのであろうか。イギリスでは，理事として活動するために必要となる技能については，地方教育当局が無償で理事にその研修機会を提供しなければならない。こうした研修を受けることは理事にとっては義務ではないが，望ましいこととされている。なお現在では教育技能省がウェブを通じて研修プログラム（資料）を提供しており，とりわけ新規に理事になった人々のための研修を重視している。[5]

また理事が仕事に就いている場合，理事としての活動を行う時間を確保するために必要となる休暇をとることは労働法によって「合理的なタイムオフ」として認められているが，その時間を有給とするかどうかは雇用者との相談に応じて決定される。

しかしこうした保護を受けていたとしても一般の親にとっては理事になることは容易な決断とは言いがたい。従来から学校理事会の中における理事の欠員，とりわけ親理事の欠員は多くの学校において課題となっている。教育技能省もパンフレットやポスター等を通じて，親理事への応募を促すキャンペーンを実施している。

4　日本への示唆

以上のように，学校理事会は評議員に期待されている職務より，はるかに広範な機能を担うことが求められている。教育課程の編成権，教員の人事権，学校予算の決定権などを学校内部の人間に委ねるという発想はこれまでの日本の教育行政制度とは相容れないものであろう。その限りで直接的な示唆を得ることは困難かもしれない。

しかし，もし評議員制度が地域によって多様化し，校長の相談機関であることを超えて機能を果たすことが期待されるとすれば，以上のような各種の権限，とりわけ教育課程の編成権については，学校裁量ないしは校長裁量によって，できる限り親や地域住民に付与していくことも，将来的には検討されてしかるべきであろう。実際2003年12月の中教審中間報告に見られる「地域運営学校」の理念はこうした方向に公立学校が転換していく端緒となりうる。今後の展開が注目されるところである。なおその際，特に高等学校の場合には，現行の評議員制度では認められていない生徒の代表をどのように受け入れるかについても検討の余地がある。[6]

　いずれにせよ，「魅力ある学校づくり」を進めるにあたって，教職員のみの力による改革が可能かどうか，もし地域社会や保護者の協力を求める場合に，どのような制度が適切であるのかを検討するに当たって，ヨーロッパ型の学校理事会制度の検証は試金石となりうるのではないだろうかと思われる。

註
（1）日本国内での先駆的研究として，窪田眞二『父母の教育権研究　イギリスの父母の学校選択と学校参加』，亜紀書房，1993年，および西村絢子『父母の学校参加　イギリスに学ぶ』，学文社，1994年をそれぞれ参照。また近年でも，新潟県教育総合研究センター『イギリスの教育改革と学校理事会　どうする日本の学校評議委員制度』，アドバンテージサーバー，2003年や佐貫浩『イギリスの教育改革と日本』，高文研，2002年がある。
（2）以下の説明はEducation Act 2002およびthe Guide to the Law for Governors – Draft Edition 2003に基づく。
（3）類型については，School Standards and Framework Act 1998を参照。
（4）以下の説明はSchool Governance (Constitution) (England) Regulations 2003/348に基づく。
（5）2001年にNational Training Programme for New Governorsと呼ばれる研修推進制度が開始されている。
（6）本点については，沖清豪「PTAと父母・地域住民の関わり」，堀内孜編著『学校組織・教職員勤務の実態と改革課題』，多賀出版，2001年192-194ページ参照。

　　　　　　　　　　　　　　　　　　　　　　　　　　　（沖　清豪）

海外における子どもの参加支援理論の展開と課題

　本稿は，学校改革の現場のほか地域福祉，社会教育改革の現場などでも実践的な課題となっている「子ども参加支援」理論について子どもの権利論の立場から海外の理論展開と課題を探ることを目的とする。

　「子ども参加支援」モデルとしてしばしば活用されるものに，R・ハートの「参加のはしご」(Roger Hart, 1992,1997)[1] が挙げられる。これを契機にメアリー・ジョンらが子ども参加実践の視点から「参加のはしご」を発展させた「子ども参加」モデルを考案した。しかしながら，これらのモデルは厳密には「子ども参加支援」理論の立場から考案されたものではなく，実践的に確かめられてきた子ども参加のありようから導き出された子ども参加モデルであり，本来は次元の異なるものなのではないだろうか。そこで本稿では，「参加のはしご」について再度検討し，合わせてこれらのモデルを分析しながら，子ども参加支援理論構築のための課題について述べる。

1　「参加のはしご」再考

R・ハート「参加のはしご」

　R・ハートは，子ども参加の各段階を「参加のはしご (The Ladder of Participation)」として次の8つに分類している（図1）。はしごの下段からそれぞれ❶あやつり (Manipulation)，❷お飾り (Decoration)，❸形だけ

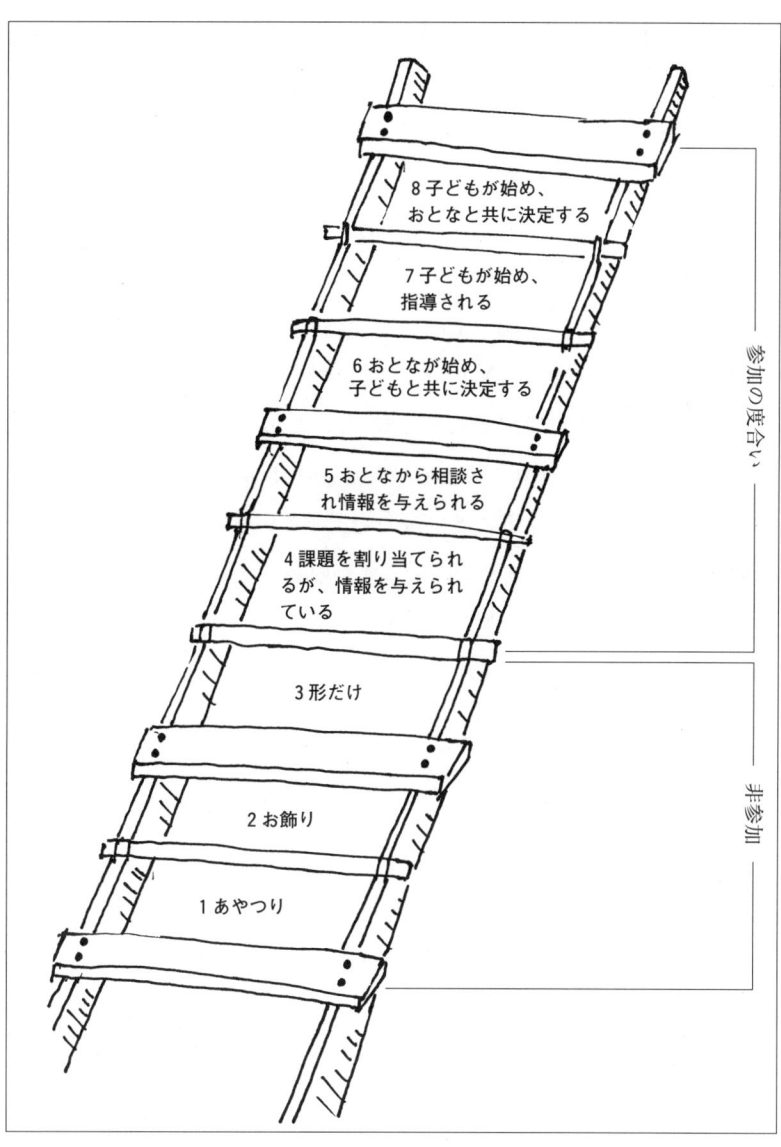

図1 「参加のはしご」(ロジャー・ハート, 1992, 1997)

(Tokenism)，❹課題を割り当てられるが，情報を与えられている（Assigned but informed），❺おとなから相談され，情報を与えられる（Consulted and informed），❻おとなが始め，子どもとともに決定する（Adult-initiated, shared decisions with children），❼子どもが始め，指導される（Child initiated and directed），❽子どもが始め，おとなと共に決定する（Child-initiated, shared decisions with adults）の8段階である。

R・ハートはこのうちの❶～❸を「非参加」と呼び，参加とは呼び難いものとしている。たとえば，「❶あやつり」の場合，「おとなが意識的に自分の言いたいことを子どもの声で言わせる」[(2)] ものであり，「❷お飾り」は「何らかの主張を掲げたTシャツなどを着ているが，その主張をほとんど理解しておらず，その行事を組織することに少しも関っていない」[(3)] 場合がこれにあたる。「❸形だけ」の参加の例としては，何かの会議で，何を代弁するのか，どうやって選ばれたのかの説明無しに壇上にのぼることなどが挙げられる。これら「非参加」に対して，❹～❽を「真の参加モデル」（models of genuine participation）と呼んでいる。

「参加のはしご」再考

ここで改めて，この「参加のはしご」について考えてみたい。R・ハートは自らの参加モデルに関して以下のように述べている。

「はしごの上段にいくほど，子どもが主体的に関る程度が大きいことを示す。しかし，これは子どもたちが必ずしもいつも彼らの能力を出し切った状態で活動すべきであるということを意味しているのではない。」

後述する「参加の輪」でも述べるが，子どもの参加はそのときの状況次第でめまぐるしく変化する。そのことを理解した上でR・ハートは「能力を出し切った状態」つまり「はしごの上を目指す」ことを求めているわけではないと述べている。

「これらの数字は，むしろ大人のファシリテーター[(4)]が，子どもたちのグル

ープが自分たちの選んだどのレベルでも活動できるような状況をつくり出せるようにするためのものである。」(5)

つまり，R・ハートは，「参加のはしご」がおとなの側の指標すなわち「子ども参加支援」モデルとして活用されることを望んでいる。そして同時に，「子どもの中には主体的に活動を始めることはしないが，優秀な協力者である者もいる。」と述べ，はしごの上段にいくほどよいとも，決定への参加がよいとも述べていない。さらに，おとなの関わり方として重要なのは，「どんな子どもも自分の力量で望める最高レベルでの参画が選べるように，機会を最大限に」(6) 与えられるような環境をつくることであるとしている。

このように，「参加のはしご」は元来，子どもの自主性に着目し，子ども参加を支えるおとなへの警鐘としてつくられたものであった。ところが，近年R・ハートの想定を超え，「参加のはしご」は一人歩きしはじめた感がある。子ども参加実践が参加のどの段階に属するのかをレベル分けする傾向がでてきたのである。

2 「子ども参加支援」理論の展開

メアリー・ジョン「参加の橋」づくり

メアリー・ジョン（Mary John）は「参加のはしご」について次のように述べている。

「はしごという比喩はアーンステインの『市民参加のはしごにおける8段階』をもとにしているが，父権社会的な伝統的観念を強化する」(7) 危険性があり，「おとなの助けにより子どもがエンパワーされメインストリームの社会へ持ち上げられ，市民となる」ことを意味している。そして，子ども参加の実践を考えると，このような「強者から弱者への権利の供与」という受身の立場に立った古い権利モデルではなく，子ども自身が主体としてエンパワーされることで力を変容させ，社会へ参加するというダイナミックなモデルが必要となる(8)

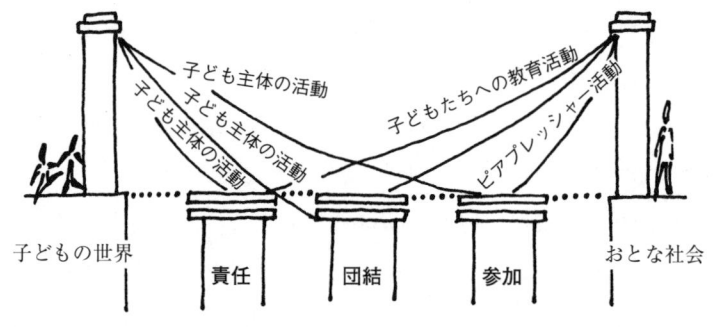

図2 「参加の橋づくり」(メアリー・ジョン,1996)

と指摘している。

　この指摘を踏まえてメアリー・ジョンもまた,自らも子ども参加モデルを提唱している。メアリー・ジョンのモデルは「参加の橋づくり (Building the Bridge of Participation)」[9]と呼ばれるものである(図2)。

　「参加の橋」の中央には深い溝がある。これは,子どもの世界とおとなの社会には深い溝が横たわっていることを意味している。その溝の間には,3つの柱[10]とそれをつなぐ3種類のロープによって橋が架けられている。3つの柱はそれぞれ「責任 (Responsibility)」「団結 (Unity)」「参加 (Involvement)」であり,3種類のロープは「ピア・プレッシャー活動 (peer-pressure activities)」「子どもたちへの教育活動 (peer-education activities)」「子ども主体の活動 (peer-led activities)」である。

　初め,子どもたちは,主体的な活動をしているものの責任は意識化されていない。そこに,あらかじめおとなから教育された子どもによる,子どもへの教育[11]を通して,責任を意識する。第2段階として,責任を意識した子どもの活動に,おとなからの働きかけにより子どもグループの内部でプレッシャーを掛け合い,その作用で団結を強めていく。最後に,責任を意識し,団結した子どもによる主体的な活動は地域社会へと広がりを見せ始め,参加へと至る。このようにして,子どもとおとなを隔てる溝に橋がかけられ,子どもとおとなのコラボレーションができあがるのである。

権利のマイノリティである子どもは，橋づくりによって生じる力関係の変化（transforming）によって，建設的かつ洞察に富んだ関係を，おとな子ども双方と築くことができるようになる。

　以上のことからメアリー・ジョンは，R・ハート同様，参加におけるおとなと子どもの役割を段階ごとに示したことに加え，新たに子どもとおとなの関係性[12]とおとなの働きかけによる子どもの変化についても示したことがわかる。

　確かに子どもの変化（transforming）をモデル化したことは，参加によって子どもがエンパワーされていくプロセスを理解する一助となる。ところがその一方で，おとなの側がどのように子どもと関っていくのかがあまりに雑駁に語られてはいまいか。

　たとえば，子どもが主体的に「参加」している時点でのおとなの関り方が，このモデルでは明示されてない。実際の参加事例を考えれば，子どもが主体として参加していても，おとながファシリテーターとして関与したり情報を提供することはあり得る。[13] 子どもとおとなの関係性を重視した子ども参加モデルであるならば，おとなの関り方をより明らかにする必要があると考える。また，このモデルでは子どもとおとなをそれぞれ集団として捉えているが，一人の子どもの視点に立った時，3つの柱と3種類のロープの意味を再度検討する必要が生じると思われる。

　もうひとつの課題は子どもの主体的な活動である。メアリー・ジョンの理論は，「責任を意識していない子どもの主体的な活動」からスタートしている。果たして子ども集団の中で自然発生的に主体的な活動が生まれるのであろうか。このことについて実践を通して，子どもが主体的な活動を始める前段階についても検討したのが次に述べる，バーバラ・フランクリンである。

バーバラ・フランクリン「参加の11段階」

　2001年12月に横浜で「第2回子どもの商業的性的搾取（ＣＳＥＣ[14]）に反対する世界会議」開催されたが，準備段階から一貫して子ども買春や児童ポル

ノなどの問題解決に果たす，子ども・若者の役割が重視されてきた。ＣＳＥＣについては，1996年に行われたストックホルムでの第1回会議においても世界から子ども・若者が参加した。その後2000年にはマニラで世界若者会議が開催された。これは，国際エクパットが中心となって展開した国際若者参加プロジェクトによるものである。その一環として子ども参加を理論と実践の両方から検討し，「私たち自身のために立ち上がる─子どもの参加権利概念と実践に関する研究」(*Standing up for Ourselves: A study on the Concepts and Practices of the Young People's Rights to Participation*) [15] と題された本がまとめられた。

この中で，子ども参加実践の立場から，R・ハートのモデルには3つの視点が欠落していると述べられている。1つは，参加の各段階に関連した，子どもの参加能力が論じられていないこと，2つめは問題を理解する子どもの能力にかかわらず，組織は参加の最も高い段階を目指さなければならないというような印象を与えること，3つめは「あやつり」「お飾り」「形だけ」など非常に強い言葉を使用しており，たとえそれが状況を正確に把握した言葉であっても，子どもの権利にとって「非参加」と呼ばれるものが，全て有害なものであるという印象を与える，ことである。[16]

これに対し，バーバラ・フランクリン（Barbara Franklin, 1995）はベトナムの「Radda Barnen」が行った子ども参加の研究の中で，R・ハートの概念をより明確にする変更を行った。フランクリンはおとなと子どもの役割を定義し，参加を11段階 [17] に分けている。さらにそれを「非参加（nonparticipation）」「プレ参加（prepaticipation）」「参加（participation）」の3つに分類した。

── 参加の11段階（11 Levels of Participation）───────────

【非参加】

　　0段階：**全く考慮されない**　子どもは一切助けも得られないし，考慮もされない。無視されている状態。

　　1段階：**おとな支配**　おとなが全てを決定する。子どもはやらなければならないことを命じられるだけ。

【プレ参加】

2段階：おとなの優しい支配　おとながすべてを決定する。子どもは何をしなければならないと命じられる，理由を説明され，説明を受ける。

3段階：あやつり　何をするかはおとなが決定するが子どもに賛成するかどうか尋ねる。子どもは賛成しなければならない。

4段階：お飾り　何をするかはおとなが決定する。子どもは歌や踊り，セレモニー的な役割を演じて参加する。

5段階：形だけ　何をするかはおとなが決定する。その後，子どもは些細なことに関して決定することを許される。

【参加】

6段階：募集　おとなは子どものアイディアを募集するが，おとなが自分たちにあった条件で決定する。

7段階：相談　おとなは子どもに相談し，子どもの意見を慎重に考慮し，おとなが全ての意見を考慮しながら決定する。

8段階：共同決定　おとなと子どもが対等に決定する。

9段階：子どもが主導でおとなが助ける　子どもがおとなの助けを借りながら，決定を主導する。

10段階：子どもが責任者　何をするか子どもが決定する。おとなは子どもが意見を求めたときだけ関る。

　B・フランクリンの「参加の11段階」では，R・ハートに比べ，各段階の子どもとおとなの役割が，より明確になっており，ハートの「非参加」は，フランクリンの「プレ参加」に含まれている。このことは，ハートの「非参加」が，子どもの参加にとって常に否定的な要素とならないことを示している。つまり，「あやつり，お飾り，形だけ」の参加は，子どもとおとなの関係性において参加の準備段階であり，真の参加のきっかけになりえるのである。

　一方で，「子どものことが全く考慮されない」状態を「0段階」とし，「おとなが子どもを支配する」状況である「1段階」と合わせて「非参加」と呼んでいる。このとき，子どもは，おとなにとって目に見えない存在である。「プレ

参加」が子どもの存在を認識し、少なからず考慮している点を考えると、大きな違いといえるのではないだろうか。

　B・フランクリンもハート同様、意思決定が子ども参加の重要な鍵と考えている[18]が、これとは全く別の視点から考えられたものが、以下に述べる「参加の輪」であろう。

ホールダーソン「参加の輪」

　前述の3つのモデルが、子ども参加に関するおとなによって作成されたものであるのに対し、ホルダーソン（Halldorson, 1996）の「参加の輪（The Wheel of Participation）」[19]（図3）は、子どもとおとなの参加によりつくられたものである。「参加の輪」は、若者のファシリテーターであるブライアン・ヒル（Brian Hill）によるワークショップでつくられた。このワークショップは1996年7月に南北アメリカから集まった子ども・若者・おとなの参加のもとで開催された

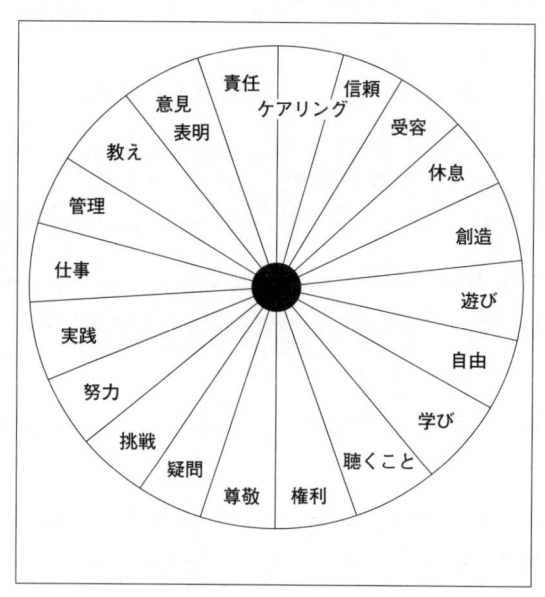

図3　「参加の輪」（ホールダーソン，1996）

ものであった。

　「参加の輪」は，すべてのものはつながっている[20]，という考えに基づいている。人間はその生存と幸福のために互いが依存しあっている。参加とは，このつながりの中での，「与える（give）」「受け取る（receive）」というやりとりや相互依存である。「参加の輪」で示されるのは，子どもが家庭や友人，コミュニティに参加することで与えたり受けたりするもの（gift）である。これらはすべて，「意見表明（expression）」には「聴くこと（hearing）」，「教え（teaching）」には「学び（learning）」のように対になっている。

　そして，「時には聴くことは自分の意見を述べることよりも素晴らしい」ものとなり，「子どもが学ぶこともあれば，子どもが教えることも」ある。これはその時々の状況によって変化するのである。

　「参加の輪」においては，参加の主体が受動・能動のどちらも含有し，共同決定を重視するR・ハートとは別の次元で論じているため，はしごの比喩に示されるような下から上へというイメージもなく，子どもとおとなは対等な立場にいることになる。状況によって主体としての役割が変化するこのモデルは，D・セルビーの「トランスフォーマティブ（transformative）な参加」[21]に当たるのではないだろうか。トランスフォーマティブな参加では，一人の子どもがある活動の中でダイナミックにその役割を変え，様々な役割を担う経験を通して現状を変革する要素を持ちはじめる。子どもの担う役割は決して硬直したものではない。ときにはおとなの話に耳を傾け，ときにはおとなと対等に意見を述べる。子どもだけで何かを始め，決定をくだすこともあるだろう。このとき，子どもは必ずしもR・ハートやB・フランクリンの指摘する「参加」のレベルに達しているわけではないかもしれない。実践の場では，子どもの年齢や成熟の度合い，文化的差異，各々の能力によって「参加」と「非参加」がめまぐるしく移り変わり，ある部分を抽出して「参加モデル」に当てはめるのは困難となる。

　ブライアン・ヒルのワークショップでは，参加者同士で参加に対する認識が

共有できていなかったこともあり，より一層の理解が必要と考えられるが，参加を段階別に考えていくこれまでの3つのモデルとは違った視点を提供している点は興味深い。[22]

3　今後の課題

　R・ハートは子ども参加を支援するおとなへの指標として「参加のはしご」を考案したが，メアリー・ジョンらは，そこから子ども参加実践のモデルを提示することになった。本来，両者は同列に扱うべきではなく，理論の整理を行う必要がある。

　R・ハートの「参加のはしご」では，子ども参加に関するおとな側の留意点として，「非参加」のレベルを避けることが重要であると指摘しているが，B・フランクリンのモデルではその「非参加」にも「プレ参加」という意味を見出している。「非参加」と切って捨ててしまうか，次へのステップとして捉えるかでは評価が異なる。

　その違いを探るにはR・ハートの「非参加」，B・フランクリンの「プレ参加」に当たる，子ども自身が，どう考えているか，どう感じているかにも注意を払わねばならない。前述したように，「参加の輪」以外のモデルはおとなによって考案されたものである。条約12条に述べられたように「子どもに影響するあらゆることについて」意見を述べることができるのであれば，子ども参加支援を考える際にも子どもの声が反映されて然るべきであろう。たとえ決定に子どもが参加し，意見を尊重されたとして，おとな側から見れば「成功」と思われる参加事例であっても，子どもにとっては満足の行くものではない場合もある。このことは「参加のはしご」から派生した「参加の橋」「11段階」が，はしごのもつ上昇主義的なイメージを依然として残していることと無関係ではない。上へ行くことをめざしてしまうことで，子ども自身の声に耳を傾けることを忘れがちになる。

ところで，前述のように「参加のはしご」は，子ども参加支援理論の立場からその支援者であるおとなへの指標として考案されたものであった。一方，「参加の橋」，「11段階」「参加の輪」に関しては，実践に基づいて子ども参加のありようをモデル化したものである。1999年，国連子どもの権利委員会が「参加には協議および子ども自身による主体的取組が含まれるがそれに留まらない」(23)と，言及し，子ども参加はその多様性を認められた。必ずしも意志決定に直結するものだけが参加ではない。そうすると，幅広い参加が想定でき，「参加の輪」のような上昇志向をイメージさせないものもでてくる。

　目の前の子どもにあった参加を考えるとき，子ども参加モデルは無限に考えうる。それらのモデルの長所や短所を分析することから離れ，そろそろ，本来「参加のはしご」がめざしていた子ども参加支援について議論を深めて行く必要があるのではないだろうか。

　この点に関してドリスケルによる「子ども参加の諸側面」は示唆に富んでいる。(24) ドリスケルは横軸に「コミュニティとの相互作用と連携」，縦軸に「意思決定権限・影響力の増加」をとって「子ども参加の諸側面」という2次元のチャートを作成した。「お飾り」「形だけ」「操り・騙し」は「非参加」に，「協議」「社会的動員」は「非参加」にも「参加」にもなりうる場所に位置している。「子ども主体」「決定の共有」は「参加」である。

　図4では「操り・騙し」は意思決定権・影響力という点では「お飾り」よりも低いが，コミュニティとの相互作用・連携は高くなっている。また，「子ども主体」の活動は意思決定権限・影響力は増加するが，子ども主体であるがゆえにコミュニティとの相互作用・連携はさほど大きくない。これに比べると「社会的動員」は自発性の低い者も当然いると考え得るので意思決定権限・影響力こそ低いものの，その規模や人数の多さからコミュニティとの相互作用・連携は大きくなっている。

　「子ども参加の諸側面」は，どこに位置する参加がよい，というわけではない。子どもたちの現実や直面している課題，達成したい目標や地域のようすな

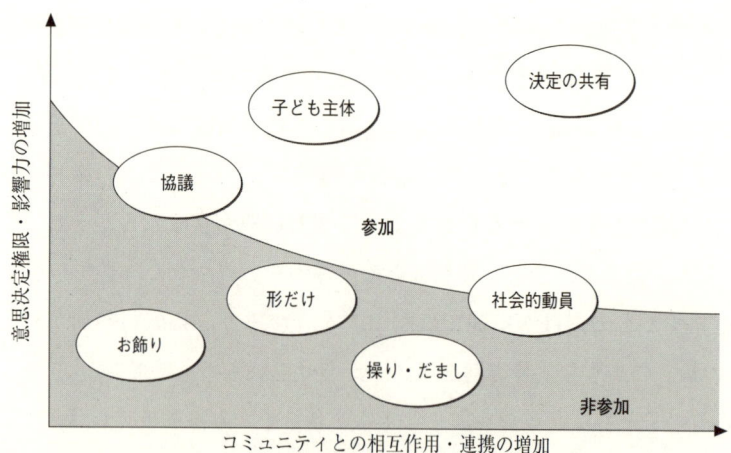

図中テキスト:
- 意思決定権限・影響力の増加
- 決定の共有
- 子ども主体
- 協議
- 参加
- 形だけ
- 社会的動員
- お飾り
- 操り・だまし
- 非参加
- コミュニティとの相互作用・連携の増加

図4 「子ども参加の諸側面」（ドリスケル，2002）

どによってどの形態が最も適切であるかを，参加する子どもと支援するおとなが選んでいくことが重要なのである。はしごでは示されなかった横軸は，参加が子どもにどのような意味をもたらすのかを明らかにし，社会全体を変革していく可能性を見えやすくした。

子ども自身がどのようなちからをつけていくか，そして社会にどのようなインパクトを与えていくか。参加による子ども自身と社会との力関係を示したこの図は，まさにエンパワーメント[25]の概念から子ども参加支援を説明しようと試みている。多様な参加の形態が存在する中で，参加支援もまた多くのモデルが考えうる。しかし，その根幹に据えるべきは子どものエンパワーメントである。エンパワーメントは子どもの権利保障そのものであり，参加支援は，子どもがエンパワーされる方向でなされなければいけない。

本稿では，「子ども参加支援」モデルである「参加のはしご」の再評価を行なった。また，「子ども参加」モデルを整理し，子ども参加支援理論は子どものエンパワーメントをベースに考えねばならないことを示した。しかしながら，子どもの権利の視点からの子ども参加支援実践に関する考察や，より子どものエンパワーメントを促進する参加支援論を提示するに至っていない。以上のこ

とを踏まえて，今後の課題としたい。

註

（1） Roger Hart, *Children's Participation : The theory on and Practice of involving Young Citizens in Community Development and Environmental Care*, UNESCO & Earthscan Publications, Ltd., London, 1997, p.41

　　なお翻訳は，ロジャー・ハート著『子どもの参画―コミュニティづくりと身近な環境ケアへの参加のための理論と実際』木下勇・田中治彦・南博文監修，IPA日本支部訳，萌文社　2000年42ページ

（2）『子どもの参画』41ページ

（3）『子どもの参画』42ページ

（4） facilitate は～を容易にする，促進するという意味をもつ。子ども参加で重要な役割を担う，ファシリテーターについてハートは「いろいろなリソースがあることを知らせて子どもたちを助ける人」と述べている。グラハム・パイクとデイビット・セルビーはその著書の中で「『ファシリテーター』は自分自身の力を生徒に分け与え，より大きな力が生じるよう，いわば創造的な力の譲渡＝エンパワーメントを行う」と述べている。

（5）『子どもの参画』42ページ

（6） 前掲書，43ページ

（7） Mary John, "Voicing: Research and Practice with the 'Silence'," *Children in charge: The Children's Rights to a Fair Hearing*, 1996

（8） Ibid., p.19

（9） Ibid., p.20

(10) メアリー・ジョンは「黒人」のエンパワーメントのためのプロセスを説明したSteve Biko の考えに依拠して「責任」「団結」「参加」を用いた。

(11)「子どもたちへの教育活動」は，「子どもはよく仲間同士で学び合うが，そのような教育のための台本はあらかじめおとなによって決定されている」と述べ，子ども同士の学び合いの前提としておとなからの教育があることを示唆している。

(12) メアリー・ジョンの「参加の橋づくり」で，子どもとおとなの関係性に着目したものとして，田代高章「子ども参加における関係性の質的発展について」（岩手大学教育学部研究年報第59巻第2号，1999）などが挙げられる。

(13) 後述するバーバラ・フランクリンの11段階では，「10段階」がこれに当たる。

(14) Commercial Sexual Exploitation of Children

(15) ECPAT International, *Standing up for Ourselves: A study on the Concepts and Practices of the Young People's Rights to Participation*, UNICEF, 1999

(16) Ibid., pp. 41–42
(17) Ibid., pp. 42–43
(18) Ibid., p. 43
(19) Ibid., p. 44
(20) 例えば、「改善をもたらす循環」(『ユニセフ世界子供白書 1994』、49 ページ)、「ＰＰＥの悪循環：新しい危機」(『ユニセフ世界子供白書 1995』、58 ページ) など。
(21) ディヴィット・セルビーはグローバル教育の視点から、子どもの参加を分析する場合に有効な指針として、その参加がコンフォーマティブなものかトランスフォーマティブなものか、を挙げている。前者は「政治的に中立で現状維持的」で「学校や地域の現状をいかなる意味でも批判しない」ような参加形態。後者は「ある程度批判的な要素が含まれていたり、社会の変革を呼びかける」ような参加形態であり、現在の生徒参加はほとんどがコンフォーマティブなものであると述べている。(「子どもに優しい学校をつくるのに必要なこと。」『月刊子ども論』1995 年 12 月号)
(22) Ibid., p. 45
(23) 平野裕二訳「子どもの権利条約 10 周年記念会議：達成と課題」勧告(w)(『季刊　子どもの権利条約 No. 6』エイデル研究所　1999 年)
(24) Driskell, D., *Creating Better Cities with Children and Youth; A manual for Participation*, UNESCO& Earthscan Publications, Ltd., London, 2002. pp. 40–42
(25) エンパワーメントとは、「外的抑圧をなくすこと、内的抑圧をへらしていくことで、本来持っている力を取り戻すことである」(森田ゆり、2000)、「子どもたちが、その内面に潜在的に備わる自己の可能性への信頼に支えられながら、自分たちに関わる生活を自ら自己決定し、創造的な社会を形成していくプロセス」(田代高章、2002) であり、力を与えることではなく、かつ他者との関係性において成立する社会的概念である。子どもの権利論の立場からのエンパワーメント概念の整理は今後の課題とする。

（安　部　芳　絵）

学習観と子どもの参加
―「学習権」に関する中学生意識調査から―

　2002（平成 14）年度より学校週五日制度が完全実施となり，また，新しい学習指導要領にもとづく教育も開始された。こうした動きは，いわゆる「生きる力」を重視した教育改革の流れに沿うものであり，子どもたちの学習環境は大きな変化を迎えつつある。しかし一方で，子どもたちの学力低下を憂慮する議論がここにきて隆盛となり，文部科学省も「学びのすすめ」をアピールするなど改革の方向性に揺れ動きが見られなくもない。これらの議論には，学力とはなにか，教育における国の責任はなにか，といった根本的な問題が含まれており，腰を据えた議論が必要なのだが，当事者である子どもたちの"声"は忘れられがちである。本論文は，教育法社会学の見地から，子どもの学習への取り組みの現状や学習に対する意識について質問紙調査によって明らかにし，子どもの視点から学びのあり様をめぐる今後の課題を探ろうとするものである。

　用いる調査データは，川崎市の公立中学校 3 校に通う中学 1 年生を対象に，2001 年 3 月に実施した質問紙調査の結果である。調査方法は，各学校に調査票を郵送し，教員の協力を得て授業等の時間にクラスごとに調査の実施を依頼し，調査が終了後返送してもらうという方法をとった。回答者総数 547 名（男子 290 名・女子 257 名）。質問紙の内容は主に以下のような構成である。①学習することをどのようにとらえているか，②学習内容や学習スタイルの決定についてどの程度権利として意識しているか，③実際に，②で列挙したような学習

の決めごとに対してどれだけ権利行使への意思をもっているか，である。[1]

1 子どもにとっての学習の位置づけ

　まず，子どもたちが学習に対してどのような意識をもっているのか，言い換えれば，学習という営みが子どもたちの内面にどのような位置をしめているのか，調査結果から簡単にまとめてみたい。

　「あなたにとって学習することは大切なことだと思いますか」と，子どもにとって学習が意味のあるものかどうかをストレートに尋ねた問いでは，「思う」（49.9％），「少し思う」（29.5％），「あまり思わない」（6.4％），「思わない」（2.4％），「わからない」（11.8％）という回答があり，約8割の中学生が多かれ少なかれ学習を重要なものと認識していることが分かる。

　また，「あなたはどのように学習したいですか」という問いでは（図1参照），「①先生から一方的に教わりたい」，「②課題を与えられ，自分で考えながら学習したい」，「③みんなと話し合いながら学習したい」，「④自分一人だけで学習したい」，「⑤どれでもよい」，「⑥その他」という選択肢から回答を選んでもらったが（複数回答），③が62.5％，②が53.8％と多くを占め，①の15.8％，④

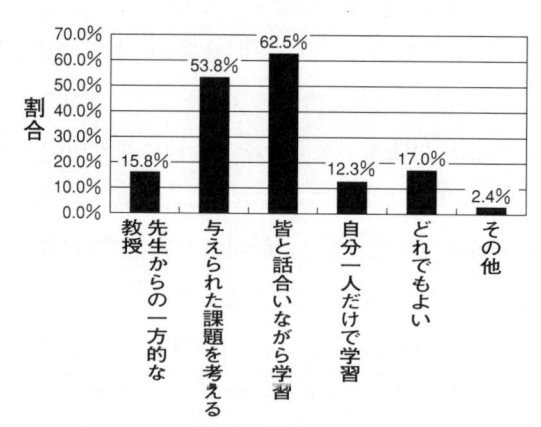

図1　どのように学習したいか（複数回答）

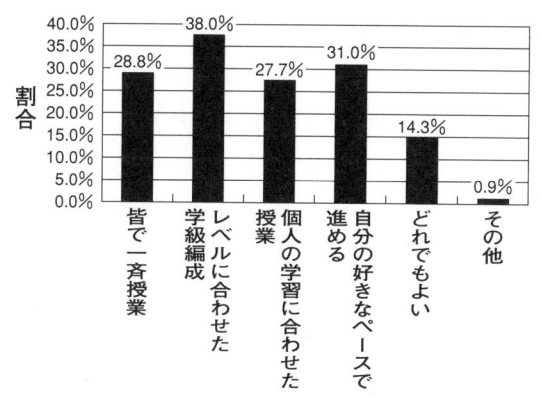

図2 どのようなペースで学習したいか（複数回答）

の12.3％と大きく差が開いた結果となった。さらに，「あなたはどのようなペースで学習したいですか」という問いでは（図2参照），「①みんなでいっせいに授業を進行してほしい」，「②学習レベルにあわせてクラス編成をして学習したい」，「③個人の学習にあわせて授業を進行してほしい」，「④自分の好きなペースで自分で進めていきたい」，「⑤どれでもよい」，「⑥その他」という選択肢から回答を選んでもらったが（複数回答），②が38.0％，④が31.0％，①が28.8％，③が27.7％という結果となり，中学生がどちらかというと個人のレベルやペースに合わせた学習を重視していることがうかがえる。

これらの結果から，子どもたちは自分たちにとって学習が欠かすことのできないものだと感じており，さらに授業をたんに受身的に聞くだけではなく，主体的に学習したいとの意欲をもっていることが示唆されよう。子どもたちは，学習を必ずしも否定しているわけではないのである。

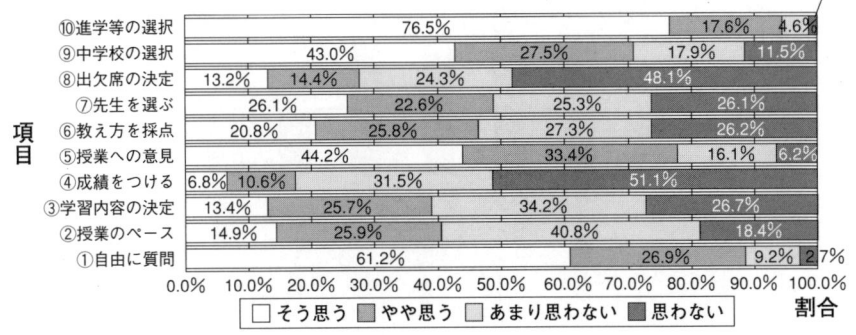

図3 中学生が次のようなことを「してよい（できる）」と思うか

項目（上から）：
- ⑩進学等の選択：76.5% / 17.6% / 4.6% / 1.3%
- ⑨中学校の選択：43.0% / 27.5% / 17.9% / 11.5%
- ⑧出欠席の決定：13.2% / 14.4% / 24.3% / 48.1%
- ⑦先生を選ぶ：26.1% / 22.6% / 25.3% / 26.1%
- ⑥教え方を採点：20.8% / 25.8% / 27.3% / 26.2%
- ⑤授業への意見：44.2% / 33.4% / 16.1% / 6.2%
- ④成績をつける：6.8% / 10.6% / 31.5% / 51.1%
- ③学習内容の決定：13.4% / 25.7% / 34.2% / 26.7%
- ②授業のペース：14.9% / 25.9% / 40.8% / 18.4%
- ①自由に質問：61.2% / 26.9% / 9.2% / 2.7%

凡例：□そう思う ■やや思う □あまり思わない ■思わない

2　子どもの学習に対する権利意識

　前節では，子どもにとって学習が重要な位置を占めていることが調査結果から示唆されたが，では，子どもたちは自分たちの学習に対してどのような権利意識をもっているのであろうか。今回の調査では，「以下のようなことを中学生ができる（してよい）と思いますか」という問いかけ方で，特に学校での学習に関連する10項目について，「そう思う」「やや思う」「あまり思わない」「思わない」の4段階で回答してもらった（図3参照）。

　これは，学習のプロセスのなかで生じる様々な疑問を解決していくために支援を求めることは権利として認められるかどうか，学習の内容や進度，評価といった側面に生徒が関与することは権利として認められるかどうか，学習上の方法などについての意見表明に関することや学習にかかわる自己の身の振り方の決定に関することは権利として認められるかどうかを尋ねたものであるが，結果は大きく5つの傾向に分類される。

　まず，子どもたちが"あたりまえ"だと認識していると思われるものである。言い換えるならば，中学生が権利として自覚している内容といえるものである。たとえば，①「勉強でわからないことを先生に対して自由に質問する」は，「そう思う・やや思う」という回答が合わせて88.1％であり，⑩「自分の将来

の進路や職業を自分で決める」は、「そう思う・やや思う」という回答が合わせて94.1％と、ほとんどの中学生がこれらについては「してよい（できる）」と考えていることがわかる。

　次に、子どもたちが"それなりに"あたりまえだと認識していると思われるものである。これは、中学生が権利として自覚しつつも、多少戸惑いもある内容といえるようなものであろう。たとえば、⑤「授業について自分の意見を自由にのべる」は、「そう思う・やや思う」という回答が合わせて77.6％であり、⑨「自分で行きたい中学校を選ぶ」は、「そう思う・やや思う」という回答が合わせて70.5％と、比較的多くの中学生が権利として自覚していることがうかがえる。また、「思わない」という回答もそれぞれ6.2％、11.5％とそれほど高くないことから、だいたいの中学生が権利として自覚しているものの、はっきりと言いきれないところもあるというところではないであろうか。

　3番目は、子どもたちが半信半疑なとらえ方をしていると思われるものである。たとえば、⑥「先生の教え方を採点する」は、「そう思う・やや思う」という回答が合わせて46.6％、また、⑦「教科の先生を自分で選ぶ」は、「そう思う・やや思う」という回答が合わせて48.7％と、半数近くの中学生が権利として自覚していることがうかがえる。しかし裏返して言えば、半数近くの中学生は同様に権利としては自覚していないことも示している。

　4番目は、子どもたちが認められているとはあまり考えていないものである。たとえば、②「自分のペースにあった授業をしてもらう」は、「そう思う・やや思う」という回答が合わせて40.8％、また、③「学習の内容を自分で決める」は、「そう思う・やや思う」という回答が合わせて39.1％と、4割ほどの中学生が権利として自覚していることがうかがえる。

　最後に、子どもたちが自分たちには認められていないと認識していると思われるものである。たとえば、④「自分の成績を自分でつける」は、「そう思う・やや思う」という回答が合わせて17.4％、⑧「授業への出席・欠席を自分で自由に決める」は、「そう思う・やや思う」という回答が合わせて27.6％

と，権利として自覚している中学生が少ないことがわかる。とくに，この2つについては，（してよいとは）「思わない」という回答がそれぞれ，51.1％，48.1％と半数近くあり，中学生が権利としてあまり自覚していないことがうかがえる。

　以上の結果は，子どもの学習に対する権利意識は内容によって強弱があることを示している。学習に関する様々な側面について，子どもたちのなかで微妙な"温度差"が存在しているのである。[(2)]

3　権利行使への意欲

　ところで，子どもたちは具体的な権利行使についてはどのように捉えているのだろうか。

　「あなたは学校で学習する内容を自分で決めたいですか」という問いに対し，「①自分で決めたい」，「②共同で決めたい」，「③誰かに決めてほしい」，「④どちらでもよい」，「⑤その他」という選択肢から選んで回答してもらったところ，④が36.8％，①が29.1％，②が22.2％，③が11.2％となった（図4参照）。興味関心のある学習内容を自分で決めたいという要望が比較的多くみられるが，

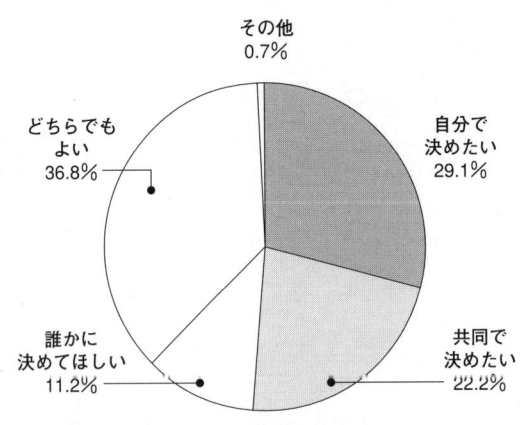

図4　学校で学習する内容を自分で決めたいか。

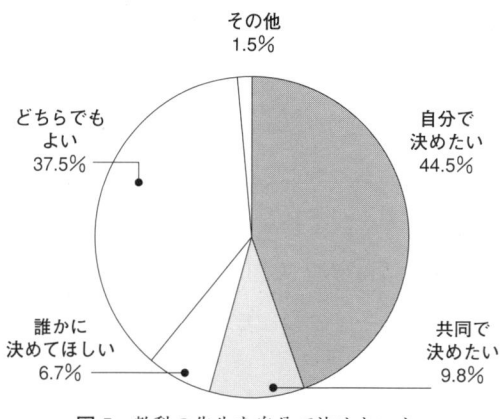

```
          その他
          1.5%
どちらでも
  よい          自分で
  37.5%        決めたい
               44.5%

    誰かに
    決めてほしい     共同で
    6.7%         決めたい
                 9.8%
```

図5　教科の先生を自分で決めたいか。

「どちらでもよい」とする回答も4割近くあることから，こうしたことにあまり関心をもたない傾向も同時にみてとれる。

　また，「あなたは教科の先生を自分で決めたいですか」という問いに対し，上述の問いと同様の選択肢で回答してもらったところ，①が44.5％，④が37.5％，②が9.8％，③が6.7％となった（図5参照）。学習内容よりもそれを教える教師の方がより生徒にとっては身近な問題と考えられるため，教師を「自分で決めたい」という回答の比率が高いことにはうなずける。ところが，注目されるのは，誰が決めるのでもかまわないととれる回答もまた上述の設問と同様4割近くある点である。

　前節では，「自由に質問する」といった一般論的な側面では高い権利意識がみられたが，「自分で成績をつける」や「出欠席を自分で決める」といった自らの積極的な行動が求められる側面では総じて権利意識が低くなっていることにふれたが，こうした傾向は具体的な権利行使への意欲においてもみられることを以上の結果は示している。さらに，「授業のやり方に不満があるとき，あなたは誰かに相談したことがありますか」という実際の行動を尋ねた問いでは，相談したことが「ある」と答えた生徒は25.9％，相談したことは「ない」と答えた生徒は54.9％，「不満はない」と答えた生徒は19.3％である。5割強が

授業に関してなんらかの不満をもちながらも，多くの生徒が不満を解消するためになにかしらの行動に移すことはしない，あるいは移せずにいることがうかがえる。

第1節でのべたように，子どもたちは学習に意義を見出し，自ら学ぼうという意欲をもっている。しかし，それらを周囲のおとなたちへと伝えていくこと，あるいはそれらを可能とする環境づくりへと行動していく手段がわからないために立ち止まらざるをえない子どもたちの姿が，以上の結果から浮かんでくるのではないだろうか。

4　学習への権利へ向けて

川崎市という限定された地域での調査結果ではあるけれども，今回の調査では，子どもたちは主体的な学習を望む意識はあるものの，実際に学習活動の構築に主体的に関与していく行為にいたっては，権利とはあまりとらえていないばかりか，半数以上はそもそもその権利行使を強く求めてさえいないことが明らかとなった。しかし，子どもたちが学習に対していくつかの要望をもっていることも否定できないことである。学習に対して関心をもちながらも一歩踏み出せずにいる子どもたちが，自らの権利を自覚し行動していくためにはどのような条件整備が必要なのか，今後の議論が待たれるところである。[3]

また，学習に対する権利という問題は，「学習権」論としてすでに議論が行われているものではあるけれども，第2節で述べたように，子どもの学習に対する権利意識は一様ではないことから，自明の前提として「学習権」という言葉を用いてしまうと，どの側面に焦点を当てて議論をしているのか不明確となり，議論を拡散させてしまう可能性があるのではないだろうか。[4] 具体的になにをすることが子どもの学習権を保障することになるのか，子どもに即した議論を積重ねていくことで，子どもに「学習権」が「学習への権利」として根づいていくのではないだろうか。

註
（1）本稿は下記において発表している調査報告から，学習にかかずる権利意識を中心に再構成したものである。調査の全容については，下記論文を参照されたい。
　・喜多明人・出川聖尚子・杉谷裕美子・大佐古紀雄・内田塔子・柳沼良太・鳥井康照・片桐義晴「子どもの学びのあり様と学習に対する権利意識―川崎市の中学生意識調査から―」，日本教育学会第60会大会（於：横浜国立大学）口頭発表
　・喜多明人・杉谷裕美子・出川聖尚子・大佐古紀雄・片桐義晴・柳沼良太・内田塔子・鳥井康照「中学生の学習観と学習に対する権利意識―川崎市での調査から―」（早稲田大学教育総合研究所『早稲田教育評論』，第16巻第1号，2002年，所収）
（2）この"温度差"が，発達による違いなのか，それとも子どもたちの意識に権利に対するこうした強弱が存在するのか，残念ながら今回の調査では明らかにすることができなかった。この点については，今後の課題である。
（3）これまで「子どもの参加の権利」として議論が行われてきたなかには，子ども（生徒）とおとな（教師）の共同決定のプロセスをどう実現するか，という論点もあり，こうした条件整備のあり様を考察する際にひとつの手がかりとなるように思われる。子どもの参加論については，喜多明人・坪井由美・林量俶・増山均編『子どもの参加の権利』，三省堂，1996年を参照。
（4）現在進行中の教育改革は，一方ではこれまで声高に批判されていた詰め込み教育から転換したという点で評価される側面をもつが，他方では基礎学力が低下するという批判がある。こうした現実的な課題に「学習権」論はどう切り込んでいけるのか等，検討すべき課題は多いように思われる。

　　　　　　　　　　　　　　　　　　　　　　　　　　　　　（片　桐　義　晴）

II
地域・自治体における
子ども参加と学校改革

(写真)
神奈川県川崎市立南河原中学校「学校教育推進会議」風景

川崎市子どもの権利条例と子ども参加の進展

□ 川崎市子どもの権利条例の制定過程
―市民参加・子ども参加による条例づくり―

　第Ⅰ部第1章で述べたように，子どもや市民の参加を支持する条例は，その"プロセスとしての参加"のあり様にかかっているといえる。以下，その制定プロセスを総合的に分析していきたい。

1 「川崎市子どもの権利条例」案の意義と研究課題

　2000年6月29日，「川崎市子ども権利条例検討連絡会議」は，高橋清川崎市長に対して，条例の実質的中味である「川崎市子どもの権利に関する条例骨子案」（以下，「条例」案という）を含む答申書[1]を提出した。同連絡会議は1998年9月に設置され，同月，子どもの権利条例の原案を作成するためのワーキンググループ「子ども権利条例調査研究委員会」（座長・喜多）を設け，実質上の条例作成作業を託した。この調査研究委員会は，学校等各界の関係者，市民団体の関係者，学識経験者等のほか，中・高校生の子ども委員9名をもって構成し，1年9ヶ月あまりの審議を経て，5月29日の検討連絡会議に最終原案である第二次骨子案を提出した。これを受けて検討連絡会議は調査研究委員会との最終調整を行った上で，「『子どもの権利に関する条例』骨子案」（以下，単に条例案という。）を含む答申書を作成し提出した。市は，この答申案を受

けて教育委員会法令担当,総務局法制課の「法令審査」を経て同年12月21日の議会でこの条例を制定し,2001年4月に施行された。

　この条例は,前文,7章から成り,「安心して生きる権利」,「ありのままの自分でいる権利」,「自分で決める権利」(第2章)などの子どもの権利の理念を示した"理念条例"であるとともに,「子どもの参加」「相談及び救済」「子どもの権利に関する行動計画」「子どもの権利の保障状況の検証」など,具体的な権利保障の制度を提案する総合条例である。またこの条例は全国初の"子ども参加"による子どもの権利条例となるほか,内容的にも,前例のない条例,たとえば親の体罰禁止規定(第3章)や,市政への意見反映ルートをもつ「子ども会議」規定,学校や福祉施設運営への子ども・保護者・住民の参加を求める規定(第4章),自治体の子ども施策企画・推進・検証のための「子どもの権利委員会」規定(第7章),子どもの救済制度(人権オンブズ)規定などをもつ条例として注目されている。

　本条例(案)の立法過程研究について,その「総合条例」としての特質にかんがみて,次のような広範な研究課題へのアプローチが考えられる。

Ⅰ　**「子ども法と教育法との交錯」領域の研究**: 1)教育委員会の独立性と子どもの権利救済・施策推進の総合性—「子どもオンブズパーソン」(条例案7章),川崎版「子ども権利委員会」(同5章)等,2)「学校・施設等」の協議機関＝子ども施設としての地域自治的な共同体(教育施設と保育所・養護施設,その他児童福祉施設各々の協議機関(＝学校教育推進会議)形成,3)学校教職員の専門的な「主体的運営」原理および福祉施設職員の「ケア」における「主体的運営原理」の条例化,など教育と福祉・子ども行政との「交錯」領域の研究。

Ⅱ　**教育自治立法の教育法的研究**:「国家教育法」に対する「自治立法教育法」の視点から,子ども関係条例の総合的研究が進められるべきであろう。

Ⅲ　**「子どもの権利と責任」論**:従来の「権利＝甘やかし,わがまま助長」論の立場からの条例批判に対して,A)「おとなの責任」条例論,B)「市民

責任」条例論（「子ども市民の責任」を含む），として，またC)「子どもの権利」の法的機能論（政策意思＝指針，裁判規範等），D）権利行使学習論（経験レベルでの「他者の権利尊重」責任，「権利の相互尊重」）E）現代市民社会論（個人的権利の実現＝近代市民社会から他者共同，関係性の追究へ＝現代市民社会）からの検討が可能である。

Ⅳ **参加論**：1）教育参加論＝保護者・住民参加とかかわり「要求主体」論から，「参加主体」論への意識変革の可能性，「権利としての参加」の本質（決定権の共有・責任と役割の共有，子ども参加・子どもの権利論との調整）等の究明が不可欠と思われる。2）子ども参加論（本稿の方法論的な位置）

Ⅴ **子どもの権利救済論**：子どもの権利侵害の特質（＝基本的人間関係内に発生する人権侵害性）に依拠した救済制度論，すなわち，「子どもオンブズパーソン」論，「子ども固有の相談」論，「子ども支援＝エンパワーメント」論からの考察が必要である。

　本稿では，以上の研究課題をふまえつつ，「教育参加」および「子ども参加」研究の基礎作業として，条例案づくりがはじまった経緯，社会背景および条例案の分析等を通して，地域における子どもの権利実現と教育的関係のあり方，仕組みについて共同研究してきた研究成果を示していきたい。とくに川崎市で進められてきた「地域教育会議」の歩みの分析，条例案に示された「子ども会議」「学校協議会」等を含む「子ども参加の権利」の制度的な保障のありようなどの検討を行う。

註
（1）『季刊　子どもの権利条約』NO.9，エイデル研究所，2000年，参照

（喜　多　明　人）

2 「条例」案にみる子ども観と市民参加のあり方について

　本節では，これまでの子どもにかかわる主な条例と「条例」案を比較しながら，「条例」案にみられる子ども観の特徴や，その制定過程の特徴について考察を行っていく。[1]

「条例」案にみる子ども観の特徴
権利の主体としての子どもという位置づけ

　子どもに様々な側面でかかわりをもつ条例としてまず想起されるのは，いわゆる「青少年条例」であろう。18歳未満の"青少年"を対象として，現在長野県をのぞく46都道府県に定められている。青少年条例は，青少年の保護，育成を図ることを目的として，青少年を有害情報，有害環境から守るために様々な規制を定めている。もちろん，こうした消極的な施策だけでなく，青少年の自主的な活動を促進するとともに，活動の場を整備するといった積極的な施策も青少年条例には盛り込まれている。[2]だが，こうした積極的な施策に子どもの権利行使という視点を読み取ることはできず，青少年条例が出発点としている子ども観は未成熟な保護の対象としての子どもといえる。[3]

　一方，こうした子ども観と対照的に，「条例」案では子どもを権利行使の主体として捉えているのが特徴としてあげられる。「条例」案前文には，「子どもは権利の全面的な主体である。」という文言が盛り込まれているとともに，「第2章　人としているために大切な子どもの権利」では，以下の7つの権利が列挙されている。それは，①安心して生きる権利，②ありのままの自分でいられる権利，③自分を守り守られる権利，④自分を豊かにし力づけられる権利，⑤自分で決める権利，⑥参加をする権利，⑦個別の必要に応じて支援を受ける権利，である。こうした子どもの権利の指標とも呼びうるものを盛り込んでいる点で，「条例」案では，権利行使の主体としての子ども観を単なる理念レベルにとどめることなく，より具体性を持たせようとしていることを読み取ること

ができよう。

　このように「条例」案では，子どもを権利行使の主体として位置づけるとともに，「自分で決める権利」や「参加する権利」などの具体的な権利を盛り込むことで，子ども施策を進めるにあたっては子どもの意見を取り入れていくことに行政側が開かれていることが示されている。その意味では，「条例」案は，従来の子ども観から転換した点とともに，新しい子ども施策の展開を期待させる点にその画期性を見出すことができるのではないだろうか。

権利保障へ向けた具体策への言及

　ところで，子どもを権利行使の主体として位置づけた条例は，「条例」案が初めてというわけではない。たとえば，理念的なレベルでは，1999年に大阪府箕面市で「箕面市子ども条例」が制定され，子育てにあたっては「子どもの最善の利益を尊重する」ことが目的として掲げられ，子どもの意見表明を尊重し，子どもの社会参加の機会を確保するよう努めることが謳われている。[4] また，兵庫県川西市では「子どもの人権オンブズパーソン条例」が1998年に制定され，第2条では，「すべての子どもは，権利行使の主体者として尊重され」と規定されている。[5]

　子どもを権利行使の主体と位置づけたという点では，「条例」案はこうした先行例にならったといえるが，「条例」案で特徴的なのは，子どもの権利を保障するための具体策が盛り込まれている点である。子どもの権利救済のための具体策としては，すでに川西市「子どもの人権オンブズパーソン条例」によって設けられたオンブズパーソン制度が先駆けであるが，「条例」案では，オンブズパーソン制度設置を盛り込むとともに，子どもが権利を積極的に行使することを保障するために，第4章で子どもの参加を具体化する施策が盛り込まれている。

　これは，川崎市内に設置される子ども会議を通して市の施策に子どもの意見を反映させるプロセスを明確にしただけでなく，子どもが日常通う学校や利用する施設の運営に子どもの意見が反映されるようつとめることが規定されてい

る。「箕面市子ども条例」においても，子どもの意見表明や社会参加が盛り込まれているけれども，理念的な規定にとどまっていることと比較すれば，「条例」案がより踏み込んだ形になっていることが理解されよう。

制定過程における新しい住民参加のあり方

ところで，川崎市における子ども権利条例制定の取り組みは，現川崎市長の高橋氏の公約でもあり，「条例」案は，高橋市長が川崎市子ども権利条例検討連絡会議に諮問して作成されたものである。地方分権推進法制定後の地方分権改革の流れの中で，行政への住民参加の重要性が指摘されている今日にあっては[6]，こうした行政主導型による条例づくりは住民の要望が反映されないのではないかという批判が一般論として考えられよう。

住民の直接参加による条例づくりで想起されるのは，中野区における教育委員準公選運動である。周知のようにこの運動は，地方自治法に基づく条例の直接請求へと結実し，「中野区教育委員選定に関する区民投票条例」の制定までたどり着いた。[7] こうした住民の直接請求による条例づくりには，たしかに住民の要望が反映されやすいといえるが，他方では実際に運営にあたる行政側の意向が反映されにくくなるともいえるのではないだろうか。

では，川崎市における「条例」案づくりはどうだったのであろうか。

市長による諮問に端を発していることのみを取り上げれば，川崎市における条例づくりは行政主導のものといわざるをえないが，実際の策定過程では，川崎市は条例策定のプロセスそのものを重視し，市民参加型の条例づくりが目指されている。[8] たとえば，全員公募による市民サロンを設置し，市民が子どもに関する問題を自由に意見交換を行う場を設け，そこで議論された内容を条例づくりに反映させるといった方策がとられている。また，「条例」案作成のワーキンググループである川崎市子ども権利条例調査研究委員会には，学識経験者や市民代表のほかに，子ども委員も参加して議論が進められたのである。

この他にも，「子どもの権利を考える市民集会」や「子どもと市長が語る会」

が開催されたり，関係団体との意見交換の場も設けるとともに，市民や子ども向けのパンフレットを配布し「条例」案について広く情報公開を進め，手紙・電子メール・電話・ファックス等で意見を寄せてもらうなど，多くの市民が条例づくりに参加する様々な道筋が用意されていたことが理解されよう。

　このように，川崎市での条例づくりにおいては，市民，子ども，行政のパートナーシップに基づいて進められており，こうした過程は，行政による一方的な主導型，住民による直接請求型とも異なる，新しい条例策定のあり方を提示しているといえるのではないだろうか。

　川崎市が策定を進めている「子どもの権利に関する条例」は，そこに盛り込まれている内容の画期性だけでなく，その策定過程にも新しい住民参加のあり方が示唆されており，斬新な試みといえる。しかし，こうした試みは，川崎市だからできた，というものではないだろう。条例の策定作業がもともとは市長の諮問から出発していることからすれば，どの自治体でも取り組むことが可能であると思われる。東京都や岐阜県多治見市，富山県小杉町などでも子ども条例制定へ向けて動き出しているとの話もあり，子ども権利条例の今後の広がりが期待される。

　また，川崎市では「条例」案の「法令審査」がなされ，12月に議会へ上程される予定だが，これら一連の審議のなかで「条例」案にどのような修正がなされるのか，さらに，川崎市が行っている子ども施策を総合的に推進していくために，全庁的な取り組みで条例の制定作業が進められているが，この条例がどれだけの実効力を発揮するのか，今後も絶えざるモニタリングが必要となるであろう。そのためにも，自治体が行う子ども施策をどのように評価していくのか，という議論を今後行っていくことが求められよう。

註
（1）子ども条例の先行研究としては，野村武司「自治体の子ども施策とその条例化」(『教育参加と子

どもの権利条約（日本教育法学会年報25）』、有斐閣，1996年、「子どもの権利基本条例要綱案の意義と内容」（日本教育法学会子どもの権利条約特別研究委員会『提言［子どもの権利］基本法と条例』、三省堂，1998年，所収）、喜多明人「子ども参加法の制度原理と課題―『子どもの権利条例』制定に向けて」（『子ども情報研究センター研究紀要』NO.15，子ども情報研究センター，1998年）、「子どもの権利条約の10年と制度改革―地域における子どもの権利保障のために―」（『世界の児童と母性』48号，資生堂社会福祉事業財団，2000年）、吉田恒雄「自治体立法・オンブズパーソンをめぐる動向と課題」（『教育立法と学校自治・参加（日本教育法学会年報29号）』、有斐閣，2000年）、がある。

（2）青少年条例の内容についてや、青少年条例が抱える問題点等については、奥平康弘編『条例研究叢書7 青少年保護条例・公安条例』、学陽書房，1981年、『法律時報増刊 青少年条例』、日本評論社，1981年、清水英夫・秋吉健次編『青少年条例 自由と規制の争点』、三省堂，1992年、を参照。

（3）子どもの権利条約にみられる子ども観と青少年条例にみられる子ども観の相違について論じたものに、初谷良彦「青少年条例と子どもの権利条約」（清水英夫・秋吉健次編『青少年条例 自由と規制の争点』、三省堂，1992年，所収）がある。また、金田茂郎「子どもの人権とマスコミ統制―『権利条約』批准運動と『保護育成条例』を考える―」（『教育』44巻3号，国土社，1994年）もあわせて参照。

（4）足立勇「『箕面市子ども条例』（仮称）制定に向けて」（『季刊 子どもの権利条約』NO.3，エイデル研究所，1999年）、参照。

（5）吉永省三「『川西市子どもの人権オンブズパーソン条例』成立の意義とこれから」（『はらっぱ』NO.183，子ども情報研究センター，1999年）、「川西市『子どもの人権オンブズパーソン条例』の制定と意義」（『季刊 子どもの権利条約』NO.3，エイデル研究所，1999年）、参照。

（6）『ジュリスト増刊 あたらしい地方自治・地方分権』、有斐閣，2000年、参照。

（7）中野区教育委員準公選条例の制定過程については、伊ヶ崎暁生・兼子仁編『教育委員の準公選―教育を父母・住民の手に―』、労働旬報社，1980年、黒田秀俊『教育は誰のものか―教育委員準公選運動の記録―』、教育史料出版会，1980年などを参照。

（8）山田雅太・坂本智子「『川崎市子ども権利条例案』の策定に向けて」（『はらっぱ』NO.183，子ども情報研究センター，1999年）、小宮山健治「『川崎市子ども権利条例』制定の取り組みから―すべての子どもに尊厳と市民権を―」（『ヒューマンライツ』NO.140，部落解放研究所，1999年）、小宮山健治「川崎市『子ども権利条例』の制定に向けて」（『季刊 子どもの権利条約』NO.3，エイデル研究所，1999年）、板橋洋一「『子どもの権利条例』の制定について 川崎市民の騒然たる議論の中で」（『月刊自治研』NO.487，自治研中央推進委員会，2000年）、参照。

（片桐　義晴）

3 「条例」案成立の歴史的背景―「教育参加論」の視点を中心に―

本節では「川崎市子どもの権利に関する条例」(案) がなぜ川崎市で成立しえたのか、川崎市の特徴を挙げながら検証してみたい。

川崎市の特徴

川崎市は戦前より工業都市として栄え、1960年以降の経済成長によって急激な発展を遂げるが、その一方で公害問題も深刻化していく。「川崎小児ぜんそく」などの公害病をきっかけに、住民は公害追放を訴える市民運動を展開する。同時期に、戦前から労働者として居住し、戦後も川崎市で産業の発展を支えてきた在日韓国・朝鮮人などの処遇をめぐる問題が顕在化していった。こうした市民問題を抱えた川崎市では、市民の人権をいかに保障していくかが、早くから模索されてきた。

こうした中1971年に、市民が主体となった「人間都市」づくりを進める「都市憲章」[1]の条例化を選挙公約に掲げた伊藤三郎氏が市長に就任する。市長は市民参加の実現[2]に向けて市内在住の学識経験者からなる「都市憲章起草委員会」を設置し、条例案の作成を進めた。これ自体は条例化には至らず、また、参加者も学識経験者に限定されていたものの、「都市憲章」制定過程に市民が参加するという、市民共同型の市政の先駆的役割を果たした。[3] 1972年には、公害防止条例や外国人への国民健康保険適用など、人権、福祉問題への積極的な行政側の対応が見られはじめる。さらに1976年外国人児童手当条例制定、77年環境アセスメント条例制定、84年情報公開条例制定、85年外国人登録法上の指紋押捺拒否者を不告発とする市長宣言など、人権問題への積極的な行政側の対応が進んでいく。

また、こうした取り組みが、行政側からの一方的なものとならないような方策も採られ、区民懇話会 (1978) など市民のニーズを把握、吸収していくシステムづくりも平行して進められている。1996年に外国人市民の意見表明の場

として設置された「外国人市民代表者会議」は、外国人市民の代表者が自主的に運営し、自らテーマを決めて話し合うなど、制度面のみならず、運営上の工夫もなされている。そして、最終会議でまとめられた内容が市長へ提言され、その提言が実施されているかを翌年評価するというシステムをとることによって、外国人市民が間接的にではあるが、市政へ参加することを可能とした。

　こうした例からもわかるように、川崎市では、すでに30年余りにわたって、市民参加の視点で環境・福祉・人権問題への取り組みが続いてきており、その取り組みの中で行政と市民とのパートナーシップの方法が確立されてきたのである。

川崎における教育への市民参加
親・住民参加

　1980年、川崎市で起きた予備校生による両親殺害事件（いわゆる「金属バット事件」）などを契機に、伊藤三郎市長の下、2ヶ年にわたる「川崎の教育推進事業」がスタートした。本事業で組織化された「川崎の教育を考える市民会議」は、市内242ヶ所で開催され、のべ4万人の住民が出席し、発言者は約6500人に上ったと言われる。[4]

　同時期に組織化された学識経験者と市行政職員による「川崎市教育懇談会」では、こうした市民討議をふまえながら、実態に即した教育の在り方について研究・協議が進められた。同懇談会の中間報告書として出された『いきいきとした川崎の教育をめざして（報告）』は、その後の川崎市の教育の指針となっている。[5] 同報告書では、親・住民・教師の「よこ型ネットワーク」[6]による教育改革が掲げられ、その具体策として「地域教育会議」（教育への市民参加のシステムづくり）が提言されている。

　「地域教育会議」はPTA、子ども会、町内会などの代表、教育に関心をもつ地域住民、教職員、子ども文化センター、市民館の職員などによって構成される会議で、1997年度より全7行政区と全51中学校区で完全実施されている。

同会議は，単に子どもの非行対策や健全育成を活動の目的としたものではなく，親・住民・教職員のネットワーク化を図りながら，学校区という地域，行政区といった単位で子どもの教育をどうするかを協議し，教育行政や各機関，青少年団体に提案などを行う自主組織として位置づけられている。

「川崎の教育を考える市民会議」では，行政と住民それぞれが互いに協力関係を構築しながら，地域の教育問題に対処していく態度が醸成されていったが，同会議自体は，単に意見を表明する場にとどまっていたことも事実である。そこから一歩進んで「地域教育会議」では，地域で計画し，決定し，実施するというシステムづくりが進められている。川崎では行政側の支援によって，地域における教育への親・住民参加が定着しつつある。

子ども参加

先の「川崎の教育を考える市民会議」の中には，川崎市の親や住民がともに参加した他，少数ではあるが，当事者である子どもが参加した会もあったと言われている。また，先の事業の報告書である，『いきいきとした川崎の教育をめざして』の中にも「まちづくり，施設づくりに子どもたちの声を聞き，都市計画に反映させる」[7]や「来るべき来世紀は，子どもたちがその力を発揮して創造すべき時代」[8]という主体的な子ども観がうかがえる記述もある。さらに，川崎市教職員組合・川崎市職員労働組合などで構成された「川崎の教育改革協議会」が，1992年5月に出した研究報告，『私たちの望む教育改革—地域教育会議・学校開放・学校五日制—』では，権利主体としての子どもという観点が明記され，学校・家庭・地域のありようが模索されている。[9]こうした経緯を見るならば，日本が子どもの権利条約を批准する1994年以前からすでに，川崎には子ども参加の理念が存在していたといえる。

同条約の批准をきっかけに，1994年10月には市制70周年事業として「川崎子ども議会」が開催されるなど，子ども参加へのシステムづくりも公式に始まった。同議会は，市長・助役以下，各局長に対しても，子どもが意見や質問を行うというような内容になっている。また，この「川崎子ども議会」のよう

な子どもの意見表明の場を，今後も保障していくという方針に沿って，「子ども会議」「子ども座談会」が発足した。これらは，川崎市教育委員会が地域教育会議に要請するかたちで，「子ども会議」が7行政区それぞれ，また「子ども座談会」が，全51中学校区それぞれにおいて，各，年1回開催されている。

また，1996年には，各「子ども会議」が「あらゆる人々がともに生きる地域社会をめざして」という統一テーマで話し合い，その内容をもとに「川崎子ども人権集会」が開催され，その後も「川崎子ども集会」と名を変えて，年1回開催されている。さらに，川崎市教育委員会の生涯学習推進事業の一環として，子ども自身による政策づくり，子ども自身による諸事業の実施を支援することを目的とした，「川崎子ども・夢・共和国」が1997年にスタートしている。同プログラムでは，公募で集まった子どもたちが，子どもたちの理想とする"まち"づくりについて考え，話し合い，問題の解決のためにサポーターの援助のもと行動をしている。[10]

このように，子どもの教育への参加システムや，子どもたちへの情報提供や子どもたちが意見表明する環境の整備が川崎市では進められてきた。また，その意見を市政に反映させるシステムへの取り組みも始まっている。しかし，その参加は子どもと行政という，親・住民とは区別された枠で制度化されており，現段階では，親・住民と行政と子どもの三者の直接的な交流の場，つまり共同参加の場としての制度は整っていない。もちろん，子どもの人権といったような個別の問題をめぐって，市民団体，行政・子どもといった三者による取り組みがなかったわけではないが，現段階では，子どもと行政のパートナーシップという形を中心に，子どもは一市民としての役割を果たしていく方向にある。

さらなる運動の広がり

川崎市教育委員会の呼びかけによって始められた人権教育運動は，教職員へ，市民団体へ，子ども自身へ，さらに行政職員へと運動の拡大を見せてきた。1994年4月には，各学校内に「人権教育推進委員会」が設置され，7月には

「人権尊重教育推進委員会議」が開かれ，明くる 1995 年には，『いきいきとした川崎の教育をめざして』（報告）を出した川崎市教育懇談会の委員の一人，牧柾名氏が座長となり，「子どもの権利研究会」が発足した。1996 年には，市民団体を含む「川崎市子どもの人権推進協力者会議」が結成され，その呼びかけにより，同年 12 月，全市レベルで子どもたちによる「川崎子ども人権集会」が開催された。この集会では，「川崎子どもの人権アピール」が宣言されている。1997 年には，「子どもの権利研究会」から『川崎の子どもの権利保障をいっそう充実させるために－子どもの権利条例策定にむけて－』が報告され，「川崎市子どもの権利に関する条例」（案）の直接的な呼びかけとなった。同報告は，条約のみでは，現実的な権利保障が不十分であることを指摘し，川崎には川崎の子どもに即した権利保障が必要であり，市民としての子どもの権利保障を，条例という形で実現していくことを提言している。[11]

川崎市でも，条約を契機に子どもの人権に関する取り組みが具体化していったが，同市には条約批准以前から，行政への市民参加を推進し，また，外国人問題を始めとする社会的弱者の人権保護政策を進め，さらに子どもの問題にも，早くから市民・行政・子どもの三者で取り組んできたという経験と実績がある。こうした背景を考慮するならば，他の自治体に先駆けて「条例」案制定の動きが進んだことは，川崎市にとっては至極当然の成り行きであったと見てよいであろう。

註
（1）川崎教育文化研究所・子どもの人権を考える専門委員会『「川崎市湖ども権利条例」策定にむけて積極的にかかわろう―子どもの人権を考える専門委員会中間報告―』，1999 年，19 ページ
（2）佐藤一子・小川正人『地域生涯学習の推進と学社連携―川崎市・飯田市調査報告―』，1998 年，19 ページ
（3）新藤宗幸『条例の制定過程』，「自治体の立法機能」，211 ページ
（4）川崎市教育懇談会『いきいきとした川崎の教育をめざして（報告）』1986 年，88 ページ

（5）川崎の教育改革協議会『私たちの望む教育改革―地域教育会議・学校開放・学校五日制―』，1992年
（6）川崎市教育懇談会，前掲書，68ページ
（7）同上，83ページ
（8）同上，18ページ
（9）『私たちの望む教育改革』はじめに
（10）『川崎子ども・夢・共和国』実行委員会・川崎市教育委員会『川崎子ども・夢・共和国―活動の記録―』，2000年。サポーターとは参加している子どもの援助を行う若者で，主に，高校生や大学生がその役割を果たしている。
（11）「子どもの権利研究会」『川崎の子どもの権利保障をいっそう充実させるために―子どもの権利条例策定にむけて―』

（出川聖尚子・内田塔子・呉屋ちさと・陳亭如）

4 「条例」案審議過程の分析〜子ども参加論の視点を踏まえて〜

本節では、「条例」案審議が子ども参加の視点からどのようになされたのかを、「条例」案審議のプロセスへの子ども参加、「条例」案にくみこまれた子ども参加の制度、国際的視点の3つから分析する。

審議にあたっての子ども参加の位置付け

「条例」案審議のプロセスの中で、子ども参加を支えるしくみには以下の4つが挙げられる。

❶ **子ども委員会** 子ども委員会発足のきっかけは、調査研究委員会に所属する9名の子ども委員[1]が自分たちだけが川崎市の子どもを代表するのではなく、より多くの子どもたちの意見を条例に反映させたいという要望を出したことにあった。翌年1月に行われた公募で、小学校4年生から高校生まで計33名が子ども委員会のメンバーとなった。子ども委員会の会議は、全23回にもおよび、調査研究委員会、検討連絡会議を凌ぐ多さである。

子ども委員会の活動としては、子ども版パンフレットの検討[2]や外国人の子どもたちとの交流集会[3]、養護学校の子どもたちとの交流集会[4]などがあり、川崎市内の多様な子どもたちの声を条例に反映させることを試みた。また、子どもの権利条約に関する学習会[5]を独自に行い、次第に子ども自身がエンパワーメントされたことで、調査研究委員会へより多くの効果的な意見が出された。「条例」案が出された後も、子ども委員会のみは継続され、現在、新しい子ども委員会が立ち上がっている。

❷ **子ども集会** 1999年12月11日、高津市民館で行われた全市子ども集会で、子どもたちがつくったアピール文は、答申の初めに引用されている。アピール文では、ちがいをみとめ自分が自分であることを大切にされたいと願い、自分にかかわることを決めるときには子どもの考えも大切にして

欲しいと訴え，おとなに要求するだけの甘えではなく自分たち自身も行動していくことを提案し，参加し責任を果たしていくことを約束している。

❸ **子ども用広報** 子ども用広報の充実も見逃してはならない。1998年12月の『みんなで子ども権利条例をつくろう』という呼びかけパンフレットを皮きりに3回の広報が行われている。このパンフレットは子ども向けに9万部刷られ，川崎市立の小学校4年生〜市立高校2年生まで全員に学校を通じて配布された。また，川崎市内の県立高校・県立養護学校および市内私立小・中・高校へも配布を依頼している。次に，中間報告書『川崎市子ども権利条例をつくろう〜市民討議に向けて〜』の要約パンフレット子ども版『わたしたちの声を届けよう〜川崎子ども権利条例をつくろう〜』を1999年7月に作成した。最後に，2000年3月には第一次骨子案の要約パンフレットである『川崎市子ども権利条例はこんな内容を考えています』を作成している。このパンフレットでは，子どもたち自身が市民向けパンフレットの「子ども語訳」を行った。

❹ **その他** その他には，手紙・メール[6]・電話を通して約1500件の意見が寄せられた。また，7行政区，51中学校区の地域教育会議主催で行われた「子ども会議」「子ども座談会」などにおいて，子どもの権利条例案についての話合いが行われ，「条例」案の審議に影響を及ぼした。

「条例」案における子ども参加制度の変遷

次に，子ども参加の制度をめぐる議論に目を向けてみよう。ここでは審議過程での変化を，「条例」案ではどのように規定されたかにも触れながら時間を追って述べる。

▶ **審議スタート時**…前述の「子ども権利条例調査研究委員会の進め方について（案）」によると，子ども参加にむけて「条例」案に含みたい内容として以下の3つが挙げられている。①学校・制度・施策など子どもがかかわる場面での子ども参加のしくみづくり，②子どもがそのしくみを利用し

やすくする手だてづくり，③子どもが参加して運営していく，子どもの"たまり場的"な新たな「子ども施設」の創設。ここでは，③で示されているように，"たまり場"つまり子どもの"居場所"問題が参加と一緒に扱われているが，「答申」では，第3章第3節2, 3へ"居場所"は移行した。

▶ **中間報告書（案）**… 1999年6月に検討連絡会議により出された「中間報告書（案）」では，まず，子ども参加の理念を検討している。次に，教職員だけが負担をするのではなく，市民，子ども・保護者が"共同経営者的立場"で学校共同体をつくっていくことを課題として提示し，学校運営に関しては，学校評議員制度を視野に入れて，子ども・保護者・教職員代表からなる合議機関である「地域学校会議」を構想している。

また，子ども委員からの「マラソン大会」議論を通して学校の説明責任にも注目がなされた。学校のアカウンタビリティは，子ども参加において，子どもの意思決定に関する情報へのアクセス権を保障するうえでも重要である。さらに子ども委員からは，「内申書があるために常にストレスを感じる」との声がたびたび聞かれ，「条例」案では第3章第2節5において，内申書の校内開示が努力義務ではあるが規定されている。

その他，外国籍，施設に入所している子ども，学校に行っていない子ども，障害のある子どもなどの，とくに権利保障が不充分な子どもの参加の保障についても項目が設けられているが，「条例」案では，第2章7「個別の必要に応じて支援を受ける権利」として明記されている。

▶ **要綱第一次案**… 1999年10月8日，第12回調査研究委員会で出された「要綱第一次案」では，第4章に「子どもの居場所と参加制度」がある。第2節「子どもの参加と意見反映の仕組み」において子ども参加を支援するサポーター制度[7]が書かれている。制度的仕組みでは，学校の設置・運営・管理に関する子ども参加として「学校協議会」が挙げられている。参加制度の効果的な活用のための具体的方策としては，啓発・広報の促進と

ともに，スタッフや職員など大人側の研修が明記されている。研修については，「条例」案，第5章4「子どもの権利の学習，研修，広報」に規定されているが，子ども自身の権利の学習権の項目[8]は，子ども委員からの提案によって設けられた。

▶ **第一次骨子案**…2000年2月24日，第一次骨子案において第4章は「子どもの参加と意見反映の仕組み」となっている。「1　子どもの参加の権利」では，子ども参加の体制整備について述べられており，「2　川崎市子ども会議」は，「1」の目的を達成するために，子ども会議を設置する，としている。ここでは，要綱第一次案に引き続き「子ども会議援助のサポーター」[9]が条件整備として指摘されているが，サポーターの設置には予算が伴うため「条例」案では第4章2「川崎市子ども会議」[10]の「支援体制の整備」という言葉に集約された。

また，第一次骨子案では「子どもが子ども会議の活動に参加することによる不利益を受けないようにする」と明記されている。これは，「参加の不利益」が子ども参加を阻む要因のひとつである，という考え方から，子ども会議に参加することで，内申書などによくないことを書かれないように，という配慮である。しかしながら，「条例」案では一言も触れられておらず，広い意味で「支援」という言葉に含まれたと考えられる。

子ども・保護者・教職員・地域住民から構成される「3　学校等協議会」も規定された。「4　子どもが利用する施設での運営等への参加」では，施設の運営に子どもの意見を反映させる仕組みを整えなければならない，としている。施設の運営に関って，施策の理念の中に，「共生や国際協力」の視点を盛り込むことで子ども参加がより促進するように検討したい，とあるが，「条例」案では直接触れられてはいない。

▶ **審議全体を通じて**…「条例」案審議過程を通して，子ども参加を検討する第一小委員会では，参加制度について活発な意見が交換された。一方で他の委員会などでは，子どもの参加を定めた「第4章」についてはほとん

ど関心が示されなかった。これは，子ども参加について，子どもや市民の側に何の不満も無い，もしくは興味が無かったわけではなく[11]，「制度をつくったところでどうせ市政へ意見が反映されないだろう」，という「あきらめ」や参加の経験不足によるものであったと考えられる。このことを考えると，「条例」案で意見反映のしくみが明記されたことは大きな意味を持つが，子ども参加の制度をつくっていく上で子どもや市民の意見表明が十分でなかったことは今後の課題であり，制度をつくることの重要性への子ども・市民の理解を深めていく必要がある。

「条例」案審議にあたっての子ども参加とその国際的視点

「条例」案は子どもの権利条約を基本的な理念としている。国際条約の普及になぜ，自治体が取り組まなければならないのであろうか。それは，子どもたちが生活しているのは「地域社会」であり，自治体も権利条約の実施主体のひとつとして，子どもの権利保障を進めていくことが求められているからである。[12] そこでここでは，日本への総括所見など国際的な流れが「条例」案審議とどのような関係であったのかを探る。

(a) 国連子どもの権利委員会勧告[13]を生かす

「条例」案審議過程では，第2回検討連絡会議（1998年12月18日）協議事項において「国連子どもの権利委員会からの提言・勧告と日本の課題」と題して坪井節子委員から報告があり，その後の会議においても，権利委員会の勧告はしばしば引用されている。総括所見では，条約実施について日本政府と地方の公的機関との間でとられた措置が不充分であることに懸念を示し[14]，子どもに関する政策の包括的な政策を発展させることを地方のレベルでも強化するように勧告している[15]が，これは，「条例」案審議の原動力となった。

また，総括所見は「条例」案の前文にも生かされている。前文の「権利の全面的主体」という言葉は，「C　主要な懸念事項11」の中で用いられた"a full subject of rights"を訳したものである。[16]

(b)「国連子どもの権利条約10周年記念会議 [17] 達成と勧告」[18]

条約採択10周年にあたって開かれた記念会議では、これまでの成果と問題点をふりかえり、今後どのような措置が必要とされているかを明らかにすることを目的とし、「達成と課題」と題する勧告が採択された。

勧告では、条約実施への市民参加が強調された〔(a)、(f)、(k)、(n) など〕。また、子ども参加の重要性については各分野で強調され、その促進のための支援および制度化の必要性が強調されている〔(a)、(k)、(w)〕。とくに子どもの意見表明は「地方レベルから国レベルに至る公共政策の立案」にも及ぶものとされたが、「条例」案審議過程における子ども委員の参加はまさにこれにあたるのではないだろうか。

前項の終わりで述べたように、「条例」案の中の制度面については子どもの意見表明が十分にえられたとはいえなかった。しかし、「条例」案の理念の部分では、子ども委員の意見が多く反映されている。その代表的なものは第2章「5 自分で決める権利」である。ここでは子どもに自分のことを自分で決める権利があることを規定しているが、この項目に関しては委員会において意見が真二つにわかれた。「子どもに自己決定権を与えてしまったらなにをしでかすかわからない」という根強い考え方。それに対し、自分のことを自分で決められなければ、意見表明も参加もその意味を失ってしまう、だからぜひいれてほしい、という子ども側。この項目を救ったのは、やはり子ども委員の意見であった。

その意見を裏づけたのは「責任」という2文字であった。「条例」案中、「責任」の文字は実に前文だけに明示されているのだが、この言葉をいれるように主張したのはほかならぬ子ども委員であった。「わたしたちは約束します。自分を大切にするとともに、他の人を大切にしていくことを。…わたしたちも参加し、責任を果たしていくことを」(川崎子ども集会アピール文、答申書「はじめに」より引用)

自分にも権利はある。でも他の子にもある。他者の権利の相互尊重という責任が私たちにはある。だから「責任」の文字をいれてほしい，と言ったのである。他者の権利を尊重する子どもたちであれば，自己決定権を，おとなが心配するように濫用することは無いのではないか。審議を通してこれまで何度も子どもと対話を繰り返してきたおとな側委員はそう確信し，争点となっていた「自分で決める権利」は「条例」案に残すことになった。

　条約の12条を根拠規定にしながらも，自己決定的権利を明示したことは，いわば「条例」案が子どもの権利条約レベルを超えた子どもの権利論へ一歩踏み出した形となっており，「条例」案策定の子ども参加を象徴しているように思える。

註
（1）委員子ども委員は，「川崎市子ども権利条例調査研究委員会要項」によって「子どもを代表するもの」として市長により委嘱されている。
（2）1999年6月12日，第7回子ども委員会
（3）1999年6月27日，第8回子ども委員会
（4）1999年9月4日，第10回子ども委員会
（5）『子ども委員会ニュース第2号』では，子どもの権利条約カードブックをつかった条約学習の様子が報告されている。
（6）『子ども委員会ニュース第3号』では市民から寄せられたメールの分析を行っている。
（7）「川崎・子ども・夢・共和国」では1999年度まで高校生が小学生・中学生のサポーターとして活躍していた。2000年度は，高校生部会ができたことで，主にサポーターは大学生以上の世代が行っている。
（8）「（4）市は，子どもが，子どもの権利条例，子どもの権利条約および子どもの権利に関する学習等を自ら企画しすすめることができるよう条件整備を行う」
（9）第一次骨子案　第4章「2　川崎市子ども会議」（2）参照。
（10）前掲（3）に同じ。
（11）「平成10年度川崎市市民意識実態調査」によると，参加する権利は，男女を問わず若い世代になるほど「不充分だ」と答えている。
（12）「『子どもの権利条約』は1989（平成元）年に国連総会で採択され，日本も1994（平成6）年に批准しました。地方自治体も『条約』の実施主体のひとつとして，子どもの権利実現に向けて，『条

約』の理念を市民生活に根ざした実効性のあるものとしていくための施策化が要請されています」
(「(仮称) 川崎市子ども権利条例 (案)」の策定について, 川崎市, 1998年)
(13) 1998年5月27日〜28日にかけて, 国連子どもの権利委員会により日本の第一回締約国報告書審査が実施された。6月5日には, 日本に対して22項目の勧告を含む総括所見が採択されている。
(14) C 主要な懸念事項八
(15) D 提案および勧告三〇
(16) その他, マイノリティの子どもの権利, オンブズパーソン設置など様々な点が「条例」案に反映されている。
(17) 1999年9月30日〜10月1日にかけて, 国連人権高等弁務官事務所および子どもの権利委員会の共催
(18) 詳しくは, 平野裕二「国際社会はどう動いたか−子どもの権利条約10周年記念国際会議韓国の意義」『季刊子どもの権利条約 No.6』) などを参照。

（安部　芳絵）

□ 子どもの権利保障のための基盤づくり
―「学校教育推進会議」など条例実施にみる成果と課題―

　子どもの権利に関する総合条例としては日本で初めてといわれる「川崎市子どもの権利に関する条例」（以下，条例）が2001年4月1日に施行された。これを契機として，川崎市では，子どもの権利を総合的に保障していくための制度づくりとその運用が進められている。

　もとより川崎市は，外国人市民が多数居住する地域性，[1] 1980年代の教育現場の荒れに対する学校・地域・行政協同による継続的な取り組み，[2] 1994年の国連子どもの権利条約批准等の経緯から，人権に関して積極的に取り組んできた自治体である。中でも子どもの人権に関しては，1980年代以来，子どもを権利の全面的主体，意見表明・参加権を行使する主体と捉え，そのような子ども観が市の施策に反映されてきた。条例の制定・施行の背景には，以上のような経緯がある。

　子どもの権利の総合的な保障のために，川崎市が行っている様々な取り組みの中で，いち早く実行に移されたのが，学校教育領域である。全国的には，子ども・教職員を委員として想定していない学校評議員制度の設置が多く進められている中，川崎市では，前述のような川崎市独自の背景・子ども観から，保護者や地域住民のほか，子ども・教職員も委員に含む，学校教育推進会議が実施された。学校教育推進会議は，「より開かれた学校（園）づくりの推進を図るため，学校（園）の運営等について，保護者，地域住民，幼児・児童・生徒，

教職員，有識者等の意見の聴取とその説明等を行い，ともに協力し支え合う」
(3) ことを目的として設置され，2001年度に全市立学校（園）において試行，
2002年度より本格実施されている。本稿では，子どもの権利を総合的に保障
するための，条例に依拠した川崎市の取り組みについて，その概要と実施状況
を簡単に紹介したのち，中でも，すでに本格実施後1年を経過している学校教
育推進会議について，その特徴と実施状況を，特に子どもの参加の観点から分
析し，成果と課題を考察する。

1 子どもの権利保障のためのさまざまな取り組み

庁内関係部局の連絡調整機関の設置（2001年4月1日）

　条例の施行後，川崎市では，子どもの権利を総合的に保障するための制度づくりが，同時的に多方面ではじめられた。そのため，一部局で進めるよりも効率よく，時に大規模に制度づくりとその運用を進めることができるように，子どもの権利保障のための施策を各々相互に関連させ，連絡調整をする機能を担う部署が必要であるとされた。そこで，2001年4月1日付で，まず，市の子ども施策を総合的に調整し行動計画を策定していくことを目的として，市民局人権・男女共同参画室の中に「子どもの権利担当」部署が新設された。また，庁内の関係部局が集まる「子どもの権利施策推進部会」，さらに教育委員会の中に，「子どもの権利に関する推進連絡会議」がつくられた。以上の新設部課や部会により，それぞれの部課で行われている施策の相互理解・連携がなされている。とかく縦割りになりやすい行政内部にこのような機関を設置することで，子ども施策を総合的に推進していくことが可能な体制づくりが，川崎市では整備されているといえる。

川崎市子ども会議＜条例第4章第30条（子ども会議）＞

　第30条　市長は，市政について，子どもの意見を求めるため，川崎市子ども会

議（以下，「子ども会議」という。）を開催する。
2　子ども会議は，子どもの自主的及び自発的な取組により運営されるものとする。
3　子ども会議は，その主体である子どもが定める方法により，子どもの総意としての意見等をまとめ，市長に提出することができる。
4　市長その他の執行機関は，前項の規定により提出された意見等を尊重するものとする。
5　市長その他の執行機関は，子ども会議にあらゆる子どもの参加が促進され，その会議が円滑に運営されるよう必要な支援を行うものとする。

　川崎市では，1994年以降，毎年子ども会連盟主催で各行政区，中学校区で「子ども会議」[4]が開催され，学校生活・まちづくり・家庭について，子どもが話したい話題を自由に意見交換する場が設定され，子ども同士の意見交流が進められてきた。特に1998年以降は，年に一度，各地域で行われている「子ども会議」を集約し，全市集会として「川崎子ども集会」が子どもたちによって実施され，子どもたちが持ち寄った意見が市長に提出されてきた。このように川崎市では，子どもが市政に対して意見表明する機会が，年に一度設定されてきたが，より日常的に意見表明できる制度的な仕組みはなかった。そこで条例の制定・施行後，条例30条を受けて，2001年度には「川崎市子ども会議準備会」が発足し，公募で集まった子ども委員が，子ども会議のイメージ，何を話し合いたいか等を出し合い，それを元に会議の体裁が整えられた。会議の実施に向けて，2001年度末まで川崎市子ども会議第1期委員[5]が募集され，集まった子ども80名を委員として，2002年4月に第1回川崎市子ども会議が開かれた。2002年度は，約80人の子どもがテーマ別にグループに分かれ活動を行い，2003年3月に，市長に2002年度の活動報告を行った。2003年度は公募で集まった約40名の子どもが活動を続けている。この制度によって川崎市では，子どもが市政に対して日常的に意見表明できる場が制度的に確立した。

川崎市子ども夢パーク＜条例第4章第31条（参加活動の拠点づくり）＞

第31条　市は，子どもの自主的及び自発的な参加活動を支援するため，子どもが子どもだけで自由に安心して集うことができる拠点づくりに努めるものとする。

　2003年7月23日には，条例31条等にもとづき，子どもが自主的に活動できる居場所をつくることを目的として，学校一校分ほどの敷地に，川崎市子ども夢パークがオープンした。川崎市子ども夢パークも，計画段階から子どもが参加し，子どもの意見を取り入れて建設された施設である。具体的には，2001年2月から，子どもを主体としたワークショップ（計7回）やアンケート調査が実施され，夢パークで何をしたいか，夢パークの設計構想について，子どもたちの意見が出され，反映された。また，地域・青少年団体の代表と行政職員により「仮称川崎子ども夢パーク推進委員会」（計8回）が開催され，夢パークの細部のあり方が詰められた。以上のような子どもと大人の協同による施設づくりは，オープン後の施設運営にも生かされている。川崎市子ども夢パークは，今後も，子どもたちが実際に夢パークで活動する中で浮かび上がる課題やニーズを捉えながら，より子どもにとって利用しやすい施設へとつくり変えていくことが可能となっている。

川崎市人権オンブズパーソン＜条例第5章第35条（相談及び救済）＞

第35条　子どもは，川崎市人権オンブズパーソンに対し，権利の侵害について相談し，又は権利の侵害からの救済を求めることができる。

　　2　市は，川崎市人権オンブズパーソンによるもののほか，子どもの権利の侵害に関する相談又は救済については，関係機関，関係団体等との連携を図るとともに子供およびその権利の侵害の特性に配慮した対応に努めるものとする。

　人権オンブズパーソンは，子どもの権利の侵害及び男女平等にかかわる人権侵害を管轄し，相談，調査，調整，勧告，是止等を行う機関で，条例35条及び川崎市人権オンブズパーソン条例に受けて，2002年5月より活動が開始さ

れている。2002年5月から2003年3月までの活動実績は，子ども関係の相談が346件（うち子ども本人による相談126件—36.4%）で，そのうち救済活動を実施したのは21件（うち子ども本人—4件）であった。相談内容は，いじめに関するものが158件，虐待に関するものが89件，その他99件となっている。2003年度の件数等もほぼ同じ状況である。

子どもたちに対しては，2003年5月より，相談先の電話番号等を記載した相談カードが，全市立学校・保育園の子ども，教職員に配布された。相談カードの配布当初は，頻繁に電話がかかってくるものの，時間の経過とともに，相談件数が減少している点が現在，課題としてあげられている。2004年度からは，子どもからの電話のみ，フリーダイヤル化することが予定されている。子どもの権利侵害を救済することを目的として設置されたオンブズパーソンが，子どもにとって利用しにくいものでは意味がない。子どもが利用しやすい制度づくりに向けたさらなる手立てが必要となるところである。

川崎市子どもの権利委員会＜条例第7章第38条（権利委員会）＞

第38条　子どもに関する施策の充実を図り，子どもの権利の保障を推進するため，川崎市子どもの権利委員会（以下「権利委員会」という）を置く。

2　権利委員会は，第36条第2項に定めるもののほか，市長その他の執行機関の諮問に応じて，子どもに関する施策における子どもの権利の保障の状況について調査審議する。

3　権利委員会は，委員10人以内で組織する。

4　委員は，人権，教育，福祉等の子どもの権利にかかわる分野において学識経験のある者及び市民のうちから，市長が委嘱する。

5　委員の任期は，3年とする。ただし，補欠の委員の任期は，前任者の残任期間とする。

6　委員は，再任されることができる。

7　第4項の委員のほか，特別の事項を調査審議させるため必要があるときは，権利委員会に臨時委員を置くことができる。

8 委員及び臨時委員は,職務上知ることができた秘密を漏らしてはならない。その職を退いた後も同様とする。

9 前各項に定めるもののほか,権利委員会の組織及び運営に関し必要な事項は,市長が定める。

子どもの権利の保障状況を検証することを目的とし,条例第38条を受けて「川崎市子どもの権利委員会」が設置された。委員会は,前述の「市民局人権・男女共同参画室子どもの権利担当」が所管している。2001年6月末より川崎市子どもの権利委員会市民委員の募集が開始され,2001年9月,子どもの権利委員会が発足した。同9月に「川崎市における子どもの権利に関する行動計画について」「川崎市における子どもの参加の検証について」の市長からの諮問を受け,2002年3月,川崎市における子どもの権利に関する実態・意識調査が実施された。2002年度には,3月に実施した調査の中間報告書が作成された。また,マイノリティの子どもたちへのヒアリング調査も実施された。2003年11月には,調査・分析結果をまとめた答申書「子どもの参加の検証結果について」を市長に提出している。

学校教育推進会議＜条例第4章第33条(より開かれた育ち・学ぶ施設)＞

第33条 施設設置管理者は,子ども,その親等その他地域の住民にとってより開かれた育ち・学ぶ施設を目指すため,それらの者に育ち・学ぶ施設における運営等の説明等を行い,それらのもの及び育ち・学ぶ施設の職員とともに育ち・学ぶ施設を支え合うため,定期的に話し合う場を設けるよう努めなければならない。

前述のように,川崎市では,歴史的に,人権保障とりわけ子どもの権利保障とそのための子ども参加を重視する姿勢から,子どもの視点を活かした学校づくりが志向され,子どもを委員に含む学校教育推進会議が設置された。学校教育推進会議は,2000年度から任意で設置することが可能となった学校評議員制度的な機能と,条例33条を受けて定期的に話し合う場としての学校協議会

的な機能の両者を併せ持つ制度として自治体主導で設置され，2001年度の試行では90.5%の学校（園）で，2002年度には全市立学校（園）において本格的に実施されている。学期ごとに年3回実施しているところが多く，協議内容としては「学校行事」「学校目標・教育目標」「地域のこと」「施設・設備」についてが多く取り上げられている。[6] 以下，同会議の言語状況と言語性能についてみておこう。

2 学校教育推進会議の特徴

委員構成—筆頭に子ども

　学校教育推進会議の特徴の第1は，委員構成の筆頭に子どもが掲げられている点である。[7] 川崎市がこのような子ども参加を重視した制度を選択した理由としては，条例の前文第3段[8]に，子どもを大人とともに社会を構成するパートナーととらえ，学校（園）に関わる当事者として，大人とともに当然話し合うべき存在とされていること，そして長年にわたる子ども参加実践の蓄積が挙げられる。

　例えば，川崎市では，前節で紹介した「子ども会議」の活動の他に，子どもの声を反映させたまちづくりを目標にした「川崎子ども・夢・共和国」（1997年～）の活動，さらに「子ども委員会」の条例の制定過程への参加（1998年～2000年）といった取り組みが行われてきている。

　市の施策として，子どもを権利の主体と捉え，子ども参加を重視する方向性を打ち出しても，子ども自身が，会議への参加を権利と認識し，会議へ参加する意欲を持たなければ，制度は機能せずに形骸化の道をたどることになる。また，子ども参加の重要性を周囲の大人が理解しなければ，子どもが参加する会議の運営は円滑に進まない。[9] しかし，川崎市では，以前から子どもに豊富な参加経験を提供してきたこと，またその取り組みの中で，参加した子どもたちが成長を遂げたこと，さらにはその子どもの成長を市職員や市民が目の当たり

にしてきたことで，子ども参加の重要性・必要性が実感をもって認識されてきたことから，子どもを学校教育推進会議の委員の筆頭に子どもを掲げることが可能となったのである。

定期的に話し合う場としての機能

　第2の特徴は，同会議は校長の求めに応じて意見を述べるだけの助言機関ではなく，定期的に話し合う場としての機能を備えている点である。川崎市では，従来より教育に関心を持つ保護者・地域住民・教職員・市民館職員などが，地域に根ざした教育全般について話し合う場として，地域教育会議[10]が開催されてきた。これらの活動の中で，話し合いを持つことによって保たれる会議の透明性，違う立場の人間が互いの意見を交換することの重要性が，大人の間で日常的に認識されているからこそ，このような特徴を備えた制度が選択されたといえる。

3　学校教育推進会議の成果と課題—子ども参加のさらなる進展のために

　学校教育推進会議を運営していく上での課題は多い。ここでは特に，子どもに見られる成長・発達に焦点をあてて，学校教育推進会議の実践によって得られた成果と課題を整理したい。

成　果

　まず，学校現場の子ども参加に対する意見は，校種を問わず過半数が肯定的である。[11]特に子ども参加がもたらした成果については，学校づくりの点，学校と地域の連携の点などさまざまなものがあげられているが，ここでは特に子どもの成長発達に見られる成果を紹介する。

学校運営の担い手としての子どもの力量形成

　「自分の意見を言い，おとなに話を聞いてもらえることで，子どもが自信をもち，

物事に前向きに取り組むようになった。」

「子どもたちが環境整備に目を向けるようになった。」

「責任感や連帯感が育っていくように思われる。」

「学校内の活動に積極的に関わるようになってきた。」

「約束事など，みんなで守ろうとする気持ちが見られてきた。」

「学校施設や自分たちの学校生活に対して，積極的に考え，関わるようになった。」

　　　──「子どもの参加に関する調査」（川崎市市民局人権・男女共同参画室子どもの権利担当）より

　以上のように，子ども自身が，参加経験を積む中で，自己肯定感，自尊感情を高め，自律性・主体性を獲得し，責任感や連帯感を育んでいったこと，また意見表明・合意形成するスキルを獲得していったことなどが，成果としてあげられていた。

学校運営における「パートナーシップづくり」─子どもと大人の関係性構築

「おとなの子どもの見方が変わる」

「おとなが子どもの意見を真剣に聞くようになった」

「子どもの目線で意見を言うという雰囲気が生まれ，子どもサイドの考え方を尊重しようという大人側の配慮が生まれる。」

「子どもの本音が少しだけわかった。」

「おとなが子どもを知る良い機会となった。」

　　　──「子どもの参加に関する調査」（川崎市市民局人権・男女共同参画室子どもの権利担当）
　　　　「子どもの参加に関する検証結果について（答申）」（川崎市子どもの権利委員会）より

　以上のように，会議の場で，子どもと大人の相互理解が深まり，子どもと大人の関係性が築かれていった点があげられていた。

課　題
子ども参加者が一部であること

　当然のことながら，いかに川崎市で子ども参加の取り組みが進められていても，それに参加する子どもの数には限りがある。子どもの総数を視野にいれたとき，積極的に参加する子どもの数はまだまだ少数という現実がある。子ども参加実践の場に現れてこない無関心な子ども，さらにはこのような活動へ反発する子どもについても合わせて考慮し，そのような子どもたちへのアプローチも含めた施策の実施・検証作業を進めて行かなければならない。

子ども参加への保護者・地域住民・教職員の理解

　条例が施行されてから約3年，学校教育推進会議が本格実施されて約2年になるが，いまだ会議の実施にあたり，模索中の学校も多い。学校教育推進会議の設置にあたっては，校長会でたびたび議論を重ねてきた経緯があるものの，川崎市の主導による「一律かぶせ」の印象はどうしてもぬぐえないところがある。そのため，学校現場や保護者，地域住民の中には，会議の意義を見出しにくい事例があることも当然予想される。今後は，成果をあげている学校の学校教育推進会議の運営状況を学校間で共有するための実践交流を行うなどの対応が必要となってくるところである。

　以上のように，条例の制定・施行後，川崎市は，子どもの権利を総合的に保障していくために，学校教育推進会議をはじめとした子ども施策に数多く取り組んでいる。これらすべてに共通する前提が，本稿で繰り返し述べてきた，「権利主体としての子ども」「意見表明・参加権を行使する主体としての子ども」である。これは，川崎市で長年にわたって取り組まれてきた子どもの参加実践を踏まえての認識である。

　しかし，学校教育推進会議に見られた課題に明らかなように，「権利主体としての子ども」「意見表明・参加権を行使する主体としての子ども」として活動する子どもは，まだごく少数である。その活動を支援する大人も，市全体で

みれば，まだ必ずしも多いとはいえない現状にある。

　川崎市は，全国的に見ても，子どもの権利を総合的に保障する取り組みを最も進めている自治体の1つである。しかしより多くの子どもの参加意思，大人の理解が得られなければ，どんな制度も望まれる成果を生むことはできない。川崎市の歴史を踏まえた取り組みを形骸化させないためにも，条例の施行後，各取り組みの実施状況の検証作業と課題への対応策を講じることが早急に望まれる。

（本稿は，2002年度早稲田大学特定課題研究助成費による成果の一部である。）

註
（1）川崎市の外国人登録者数は2002年12月現在で2万5073人で川崎市の人口の1.95％を占める（全国平均：1.0％）。長年にわたる人種差別問題への取り組みが，1996年の市職員（一般事務職）採用における国籍条項の撤廃，外国人市民代表者会議の設置による外国人の市政参加保障に結実している。
（2）1990年度以来，地域で保護者・地域住民・教師・市民館職員等が教育問題について話し合うことを目的とした地域教育会議が実施されている（1997年度から全7行政区全51中学校区で実施）。また，1994年度以降は，子どもを参加者のメインに据えた地域教育会議の「子ども会議」も実施されている。
（3）「『学校教育推進会議』試行のための指針」（2001年3月6日川崎市教育委員会通知同川教指第一七八七号）の＜2　学校教育推進会議の設置目的等＞
（4）行政区子ども会議には各行政区およそ70名〜100名の子どもが，中学校区子ども会議には各中学校区およそ50名〜100名の子どもが参加している。
（5）任期は1年で，申込資格としては，川崎市在住，在勤，在学で，2002年4月時点で，小学校5年生から18歳未満までを原則としている。
（6）川崎市子どもの権利委員会『子どもの参加に関する検証結果について（答申）』（2003年11月）を参照。
（7）学校教育推進会議の委員の構成は，①幼児・児童・生徒　②保護者　③学区域住民　④教職員　⑤その他校長（園長）が必要と認めた者　である。(「『学校教育推進会議』試行のための指針」の＜3　委員の構成等＞)
（8）条例前文第3段は以下の通り。「子どもは，大人とともに社会を構成するパートナーである。子どもは，現在の社会の一員として，また，未来の社会の担い手として，社会の在り方や形成にかかわる固有の役割があるとともに，そこに参加する権利がある。そのためにも社会は，子どもに開か

れる。」
(9) 子どもが参加する会議が円滑に運営されるために，具体的に次のような配慮が必要であるとされている。①話し合いの際に子どもが十分発言できるような人数を確保する　②子どもを含んだ全体会の開催に配慮する　③会議の趣旨・課題などについて，その経過や取り上げられた話題等を，広報活動を通じて広く子どもに伝わるよう努める。(『「学校教育推進会議」試行のための留意事項』2(2)，4(1)，5(2)）
(10) 地域教育会議は，1990年に3中学校区で試行が始まり，1997年以降，全7行政区，全51中学校区で完全実施されている。
(11) 肯定的な意見（「とてもいいこと」「場合によっていいこと」）の割合は，幼稚園54.6%，小学校88.6%，中学校90.2%，高等学校77.7%，聾・養護学校100%であった。(『『子どもの参加に関する調査』結果報告書」川崎市市民局人権・男女協同参画室子どもの権利担当，2003年3月を参照。)

（内田　塔子）

北海道幕別町の子ども参加実践と学校運営改革

1　研究の背景

　本稿では，学校における子ども参加を一層発展させていくために何をしなければならないのか，なかでも子ども参加支援に関する研究を試みた。管理主義・競争主義教育が生んだ様々な学校問題を解決するために，または，子どもの自発的な活動を促し，子どもが主人公となる学校をつくるためにも子ども参加実践が用いられている。このような実践は完全に広まってはいないが，子どもの学校参加だけではなく地域での参加活動も今ではめずらしくない。おとなとともに子どもは自分の意見を表明し，さらに，決定へのプロセスにも参加している。これはとかく見落されがちな子どもの人権と権利についてとらえ直され，子どもが社会を構成する一人の人間として認められ始めている証左ともいえるのではなかろうか。

　学校における子ども参加実践は，様々な場面で行われている。学校の日常生活や授業，教科外活動や学校運営における参加などあらゆる場面で子ども参加が問われている。「子どもの権利条約」の登場とともに，最近は具体的な子ども支援の方法まで研究が進められている。

　私の問題意識の出発点は，なぜ学校運営（学校評議員もしくは類似制度）における子ども参加がその機能を果たしていないのかという点にある。ここには様々な要因が含まれている。実際の参加の場面においておとな側の意識の低さ

や参加しにくい雰囲気などがある。具体的には，決められている会議の回数・時間の問題，議題の設定，子どもの参加能力の未熟さなどが取り上げられている。

　それでは，学校運営における子ども参加が形骸化するのを避けるためにはどのような支援を行わなければならないのか。おとなの意識の問題から形式的なことまでを総合的に捉えなければならないが，ここでは子ども自身の参加能力の問題に焦点を当てる。問題は，今までの学校が管理主義・競争主義から解放されないことから，子ども自身が権利行使の主体者として生活を営んでいなかったことではないかと考えられる。つまり子どもは自分の活動を通しておとなと「共同決定」し「共同参加」するというような権利行使プロセスに参加する経験が失われていた。それゆえに子どもたちは，参加の能力としての「判断する力・実行する意欲・実践力」が育まれなかったのである。子どもの参加経験は，子どもの参加能力を形成し，さらにそれが生かされて学校運営を含め自分とかかわるあらゆる場面での積極的な参加を促す礎になるのではなかろうか。

　それでは，学校が子どもに参加経験を積ませるには何を行わなければならないのか。学校関係者がすべての活動において子どもの意見に耳を傾け，対話・討論を繰り返し，子どもの要求に応じる環境をつくることであろう。さらには，学校の行事など教科外活動を子どもに任すことによって参加能力を形成する支援が必要ではないのか。その典型を北海道幕別町の町立札内北小学校における子どもの参加実践にみることができる。現在，この学校の行事はすべて子どもに任されている。不安と戸惑いを抱えながらも教師の積極的な支援のもとで「子ども参加型学校づくり」が進められている。

　では，なぜ，教科外活動なのか。それは，札内北小学校の実践から見ていこう。結論から言えば，子ども自らの手でつくりあげる学校行事（運動会・遠足・学習発表会など）で達成感を味わうこと。活動への自信と楽しさを実感した子どもたちは，次の活動にも主体的能動的に参加する意欲を表わしていくこと。しかし，このような活動がいつまでも楽しく続くわけではなく，時には，

つらい思いをする場合もあるし，めんどうくさく思う場面もあること。その意味でこそそれを支えることが教師の役割となることなどが考えられるのである。

したがって，教科外活動を通じて参加経験に富んだ子どもが育まれることによって，教師の適切な支援のもとで，学校運営はもちろん学校生活全般における子どもの積極的な参加も可能になると考えられる。さらに，子どもと教師を囲んでいる地域など周りからの援助が前提となれば，学校における子ども参加支援の新しい方向性が見えてくるのではなかろうか。

（本研究は，文部科学省・科学研究費補助金基礎研究に基づいているが，本稿の分析結果は，筆者個人の評価であることをおことわりしたい。）

2 「子ども参加」支援の実際〜「待ち」の教育

札内北小学校の実践の教訓は何か。それは教師の意識改革が学校の姿を変えたということである。この学校も以前は，他の学校と変わりのない学校であった。しかし，教師側の意識改革から「学校は子どものもの」，「学校を子どもに返していく。子どもの権利を守る学校」を目指して動き出したのである。学校の変革を求めて「子どもの権利は，何かできたときの褒美ではない。学校そのもの，教職員の意識そのものが変わらなければ，なにも変わっていかない。児童会を中心としつつ，教育活動全体に子ども参加の考え方がゆきわたらなければ，学校を変えることにはならない」と札内北小学校の教師たちは論議を続けていった。[1] 札内北小学校では，2000年度より「子ども主体の学校づくり」を合言葉に子ども参加の学校づくりを進めてきた。このような実践の典型例は，札内北小学校の教師たちの中で行われた「待ち」の教育である。

「待ち」の教育は，教育の放棄ではなく，子ども主体の活動を保障する一つの教育方法として，子どもの能動的な活動を促す支援として受け入れられるべきである。

「子どもは，自分がかかえている問題を何らかの形で信頼する教師に訴えた

い，知ってもらいたいと願っている。教師はこれを身近な愛情で受け止める必要がある。子どもが教師に話をすることによって，もうそれだけで半分は解決しているといえる。教師は子どもの感じ方や考え方を否定したり批判したりすることを控え，まずそれらを受けとめた上で，次第に子ども自身が自分を冷静に見つめられるようにしむけていく。教師が結論や解決策を与えるのではなく，ともに迷い，ともに問題を検討し，子ども自身が考え，納得して行動できるよう，気長に待つ心の構え」が大切である。[2]

このように，札内北小学校の「待つ」実践においては，「子どもたちが自分の力で考え，試行錯誤を繰り返し，失敗に学びながらことを進めることの重要性を教師が理解し，『待つ』ことによって，子どもたちが自由にのびのびと意見を表明しながら，学校行事・校内活動の運営に参加していくことができる」ようになっている。[3]

「待ち」の教育の重要性は，それが教師と子どものパートナーシップの前段階であるからである。喜多明人氏は，「子どもとおとなのパートナーシップの確立。このテーマこそ，日常の生活や人間関係のなかで条約を活かす実践的な課題」であるとした。[4] とくに「『待ちの支え』は，『支え手』の実践での共通の実践課題である。子どもがおとなへの不信感を払拭し，自力で活動し達成感を味わえるように『待つ』ことが，子どもの自立と自己実現のためにはどうしてもくぐらなければならない場面である」とした。[5]

教師は子どもからみれば「権力者」である。そのため，子どもたちが対等に渡り合える自信がつくまで待つ心の準備が必要である。子どもの参加実践の前提に，教師と子どもの信頼関係づくりが重要視されている。子どもがその場その場で自分の意見を安心して自由に言える雰囲気をつくることが大切であろう。

教師の意見が子どもの意見と同じ重さで扱われるためには，教師と子どもとの間で「対等」に話し合う関係が構築されている必要がある。「対等」とは，「教師が待ちの姿勢の重要性を理解した上で，教師が意図的に子どもの目線に下り，子どもの意見があまり出ない間は，意見表明を控えてまず待ってみるよ

うな，おとな側の『意図的な対等性』を意味する，このような関係性の構築が，札内北小学校の実践の出発点でのポイントとなる．

このように教師と子どもの関係性が構築されてこそ，教師は自分の意見を子どもと同じレベルで表明し，時に子どもに意見を却下されながら，単なる放任になることなく，子どもの意見を尊重した子どもの参加実践へと高めていく」ことが可能となる．[6] 子どもは，「自分たちの意見表明を通じながら学習や生活にかかわる事柄について，教師や保護者や周りのおとなたちとともに，共同して協議し，決定し，実行していく．また，これは子どもたちが，その内面に潜在的に備わる創造的な可能性に対する信頼の獲得に支えながら，自分たちにかかわる生活を自ら自己決定し，創造的な社会を形成していくプロセス」[7] に参加することで，子どものエンパワメントにつながる．

しかし，「待ち」の教育は，待つだけでは教育の方法として成り立たない難しさも潜んでいる．その問題を解決していくためには，子どもが営んでいる諸活動に「時間」の保障が必要である．そして子ども自らが問題の解決に気づくまで待つ教師の「自制」の姿勢が必要とされる．

札内北小学校では，主に，教科外活動，つまり学校の行事を子どもに返していこうということから子ども参加型の学校づくりを始まった．このために，「児童会」の見直しが必要であった．そのために 2000 年 2 月 29 日，「児童会の見直し」についてアンケート調査が行われた．これは児童会活動を子どもたちと一緒につくっていくことを軸にしながら学校を変えていこうという論議であった．これによって教職員は 2000 年度の方向性を模索したのである．その結果は，次のとおりである．[8]

❶ 児童会の計画話し合いの時間と活動の時間…活動の見直しも含めて，子どもたち自らの企画実施ができるように時間を確保していく必要がある．いままでの固定化された活動や，教師側からおろされた活動に追われ，実行委員会や独自の活動における時間を確保できなかった．思い切って活動を精選し，一つの活動に十分な時間を確保できる方向で考える必要がある．

❷ **子どもの自主的な活動**…今までは，活動が決まっていてその中のある部分だけ子どもに任せる形であったが，それでは本来の自主性が育たない。今後は，一つの行事をすべて子どもにまかせるなど思い切った取り組みが必要となる。

❸ **会議における子どもの話し合い**…学級会等の話し合い活動や三役（児童会役員）による話し合いの進め方の育成とともに，子どもたちが興味をもって話し合いができるような活動を創り上げることも必要。

❹ **委員会の活動**…活動をわかってもらう工夫や取り組み，また，子どもたちから出された問題や関心を活動の中心に据え，みんなが関心をもって見守れるような体制が必要。

❺ **異学年との交流**…大きな行事でも集会活動でもどのような場面でもいいので，縦割り班を活用できる活動が必要。

❻ **各委員会独自の活動と課題**…自主性・創造性を発揮するためには，時間の確保が必要。また，子どもの関心から活動を作り上げることが大切。活動の全部を子どもに預ける場面も必要。

❼ **代表委員会の機能**…学級・個人の関心・問題を取り上げ，定期的に開催することで，話し合い活動の力を身に付けるとともに，一人ひとりが関心をもてる代表委員会にする必要がある。

このような結果から，「① 今までの児童会の活動が滞っているという認識が多く示している ② 児童会が自主的・創造的なものになっていない ③ 時間が確保されていないことが大きな問題である ④ 児童会活動は，本来子どもたちの活動であり，子どもたちの問題・関心から活動が生み出されなければならない ⑤ 思い切った意識改革や新しい取り組み方が必要になってくる」[9]などの反省が出た。

これを受けて，2000年度に向け，新しい取り組みの一環として運動会・北小祭りなどの学校行事を子どもに返すことにした。そして教師側の意識改革か

ら，全教職員が子どもたちを支援することにしたのである。

2000年に入り，札内北小学校の児童会活動は，教師側の「待ち」の姿勢をうけて，子どもの自由な発想・活動になっていくことになる。子どもたちは児童会を中心に学校の行事などを自由に営めるようになり，運動会・日常活動・企画的な活動・遠足・北小祭り・学習発表会・修学旅行などを，計画から運営・実行そして反省のすべてのプロセスが子ども主体の活動になっていったのである。(10)

札内北小学校の教師たちは，子どもが自ら気づき，成長していけるよう，子どもの活動を見守っていった。それが「待ち」の教育である。この実践は失敗を恐れずに，その失敗を乗り越えることによって子どもたちが感じる達成感を大切にしている。この学校では，運動会だけではなく，すべての学校行事が子どもに任されている。最初から最後まで子ども主体の活動を保障するために教師は「待ち」の姿勢をとっている。指示や押しつけによる教育活動はこの学校にはどこにも見えない。ここでの教師の役割は，子どもの「隣に寄り添い，一緒に考える，一緒に歩む」存在なのである。

本共同研究の学校調査で主に，私は平成14年11月に行われる予定の学習発表会の準備過程を分析した。そこで子どもの教科外活動を中心に参加する子どもの様子や教師のかかわり方に注目してみた。これも他の行事と同じく，子どもたちの自らの提案から計画・実施されている。学習発表会の目標は「一人一人が作り上げる学習発表会にしよう」と決め，実施に必要となる実行委員会の構成も決まり，児童総会の時間を利用し着実に準備を進めていく。しかし，すべての過程が順調に行くとは限らない。そこで教師は，常に「子どもに寄り添い，見守り，励ます」という姿勢をとりながら，子どもに「動機づけ，意欲づけ，勇気づけ」という役割を担っている。そして子どもとともに創る学習発表会を目指して，子どもの意思とニーズを大原則に支援を行っている。児童総会が開かれ，学習発表会の実施要項が決まる。そこで児童会書記局から学習発表会の実施案提示や説明が行われる。これをもとに各学年では質問や意見の集約

が行われた。続けて各学級では，自分たちで創る学習発表会に向け，「何をやりたいか」からスタートし，発表内容の話し合いや学級としての意見をまとめる。それらをもとに学年総会が開かれ，各学級の意見発表と検討が行われていった。

　しかし，このような流れの中で学校行事が行われるまでには，前述したように，活動への「時間」の保障が必要となる。そこで，この学校では，「総合的な学習の時間」を利用し，各学級・学年の話し合いの中で時間を確保した。[11]平成14年10月15日（火）の5時間目で行われた児童総会をみてみる。この日は，学習発表会に向けて，いままで決められていたことについて意見交換が4・5・6年生全員の参加で行われた。児童会書記局の進行で，事前に配られていたレジュメを見ながら会議が進んだ。総会の始めからおわりまで，すべてが子どもたちの手によるものになっている。教師も参加し，子どもたちの意見だけではなく，教師の意見も出されて子どもとの意見交換の場となった。その中に，教師の指示や命令，押しつけは一切ない。教師はなるべく自分の意見を控えて，活動が子どものものになるよう配慮している。それにしたがって子どもたちは，自分たちがやらなければならないことを自ら探り，活動を進めていく。後ろから子どもの活動を見守っている教師の姿があってこそ，このような活動ができたと考えられる。しかし，いくら教師が子どもの活動に時間を保障しようとしても学校の教育課程の枠組みがある。学校の行事として学習発表会の日は一ヶ月後となり，目前に迫っている。参観していた私にとっては少し気になるが，現場の教師たちは子どものやる気次第であると語っている。翌日（16日），全員による実行委員会の仕事づくりのため，児童総会が開かれた。この日は，前日より教師の発言が多かったが，子どもの活動に影響を及ぼすものではなく，一人の発言者として子どもに受け入れられていることが印象的だった。実践をはじめて3年を迎えているこの学校では教師と子どもの信頼関係が徐々に定着していていると考えられる。

　子どもが主体となる学習発表会の準備は児童総会だけでなく，各学年・学級

の取り組みが重要となる。これが児童総会を支える基盤になっている。17日，学習発表会に向けて学年で取り組む活動について6年の学年総会が開かれた。しかし，この日は，子ども主体の会議ではなかった。いままで黙って児童総会や会議を見守っていた教師が，子どもたちの「やる気」を問うたのだ。子どもの活動が本当にやる気があって行っているのかどうか，やる気もないのに無視して学校の伝統となっているからやるという考えであれば，もう一度自分たちの取り組みを見直す契機にしようとしたのである。子どもたちは真剣に考え，各グループごとに発表した。

　——先生に決められるのはいやだ
　　　6年生の最後なんだからやっぱり自分たちでやりたい
　　　自分たちでやったほうが達成感がある
　　　先生たちは当てにならない
　　　今までもやってきたんだから自分たちでやる
　　　みんなで協力してやっていく
　　　情熱的に
　　　最後まで責任をもってやっていく

　子どもたちは自分たちで創り上げることの楽しみを知っている。そして子どもが味合う達成感は，「子どもたちの自信・誇りを形成し，次の活動への挑戦意欲に結びつく」ことを証明したのである。[12] このような経験から子どもは学校生活の全般を自主的に営めるようになるのではないだろうか。一つ一つの学校行事（学習発表会）を子どもに任せる経験をつむことによって，教科・学級活動における子ども参加活動が可能になると考えられる。[13] 札内北小学校の教師たちが行っている「待ち」の教育により，子どもたちのアイデンティティは確実に形成され，子どもの自主性が育まれていく。それでは，札内北小学校の子ども参加実践がこのように進んでいるのはどういう支えがあったからであろうか。その成立条件を探っていきたい。

3　実践の成立条件

　以下は，平成 14 年 10 月 17 日，学校調査の最後の日に行われた先生たちとの話し合いの内容の一部である。

> 最初は子ども参加の活動を知らない保護者や地域住民から批判もされた。しかし，子どもたちの手による遠足や運動会などの活動を見守ることにより，説得力が生れた。現在もその活動に疑問を持っている保護者や地域住民がいるが，子どもたちの生き生きとした目，明るく元気な姿で応えてきた。

　このような実践を成し遂げるためには，学校における子ども参加実践をささえる地域の学校共同体づくりが必要であると考えられる。活動が学校だけのものになっていてはいけない。保護者・地域住民や行政の理解など，そして学校の運営の実質責任を負っている管理職の実践意識が必ず求められる。

　それらのことを踏まえて子ども参加実践の基本条件を整理しておこう。

　第一に，校長・行政の理解が子ども参加支援の条件となっていることである。札内北小学校のように子ども参加の取り組みが教師の側から始まったとすれば，その取り組みを支える校長でなければ実践を成し遂げることは難しくなる。校長の子ども参加実践に対する意識の変革が求められているゆえんでもある。しかし，校長のリーダーシップによる特色ある学校づくりが推進されていても，行政・教育委員会の協力なしには困難な局面にぶつかることもありうる。外部の圧力に揺れるおそれもある。したがって，子ども参加支援を行う際には，校長と教育行政側の理解が必要になってくる。

　第二に，札内北小学校の実践は，子ども参加活動に対する教師の理解が前提となっている。喜多明人氏は，「子どもの権利条約」が採択されてから「子どもの権利としての参加を積極的に支援する団体の登場」と，その中で「子どもの自主的な参加を支える実践家の存在も注目されはじめている」とした。そして「日本の定型的教師に見られる『指導型』の関係（指導の対象としての子ども観に基づく）ではなく，従来と異なる子どもとのパートナー的な関係のなか

で，子どもの自主的な参加活動を支える実践が展開され始めている」と言いながら，札内北小学校のような教師の実践を評価している。[14] これに加えて「その活動は端緒についたばかりであり，養成講座，研修，実践交流も不十分な段階であり，実践的にも理論的にもまだ整理されていない」とし，[15] 今後子ども参加支援に対する実践課題を提示している。

札内北小学校では，子ども参加支援に対していくつかの取り組みを行っているが，その中心を学校行事に置いたことである。それが第三の条件である。

児童会活動について，教育課程上は，「教師は児童の自治的活動として『これだけは児童に任せることができない内容』を学校として明らかにし，全教師が共通理解を図って指導にあたる」[16]「高学年の児童にあたっても未熟な面を多分に持っている。教師は児童の実態を十分把握し，適切な指導のもとに，全校児童の意向が反映されるような活動が展開できるよう配慮する必要がある」[17]「学校行事は，児童会活動やクラブ活動などのような児童の自発的，自治的な活動を特質とするものではない。＜中略＞児童の積極的な参加への適切な配慮が必要である」と考えがちである。[18] これに対して「学習指導要領・要録政策においては，学習・部活・行事などの教育活動はもとより学級・学年・学校運営にかかわる子どもの人権・意見表明権・参加権・自治権の保障の観点が全く欠落している」。[19] また「『個性重視』，『生きる力』を強調することはいい。しかしそれは，学習活動・学校運営などの生活場面における子どもたち自身の意見・要求・人権の個人的・集団的保障と行使のなかで，つまり自己決定・自己実現の機会と権利が保障される中で初めて実現していくものである」[20] とする主張もある。

札内北小学校では，「教育課程の基準どおりに行うという発想に立つのではなく，子どもの参加活動を行うに際して，たとえば，学校行事や総合的な学習の時間を有効に使うことである。現場で今の子どもたちが何を求めているのかを教師が見極め，子どもと一緒に作り上げるのが大切である」と当該校教員は述べている。

この学校では，「学校行事や校内活動を実施する際，それまでは，滞りなくことを進めるために，いかに子どもの動きを予想しながら教師が動くかを考えていた。しかし，子どもの意見を尊重し，結果よりもそこへ至る過程を大事にし，たとえ子どもの意見が不十分であっても，それを否定することなく，子どもの意見に基づいてことを進め，問題が生じた場合はその解決方法についても子どもに考えさせ，子どもたちの力で問題解決していく機会を保障しようとしている。子どもの意見を尊重し，子どもの試行錯誤の経験を大事にすることの重要性を教師が理解している」のである。[21] このように，これからも学校の教師同士が「待ち」の教育の支援方法を理解することが重要である。

そこで第四に札内北小学校の教師たちは教師同士の研修を重視してきた。未来の担い手である子どもたちが，これからの社会を行き抜くため「生きる力」を獲得するために，自分の周りの世界に主体的にかかわり，権利の主体者として他とかかわっていくことが必要とされる。そのため「子どもだから」という考えを転換し，教職員が「子どもの権利条約」を学習することで，子どもの権利を認め，生かしていく学校のあり方を考えることが求められてきた。自らの権利を守ることを大切にすることは，他人の権利を守ることにもつながり，協力しながら活動をつくりあげていく喜びにもつながる。[22] そこで，「子どもの権利条約」をベースに学習会を開くことを始め，「子どもの権利条約」と各学年の取り組みや交流を通じていこうとしたことである。これにより，子どもたちだけでなく教師もエンパワメントされることになる。ひいては，保護者や地域住民に開かれた研修も必要となる。このような取り組みは，「教師の教育実践の自由と教育方法の多様性の承認という教育認識づくり」として意義があると考えられる。[23]

これは，教師同士の連携ともつながっている。学校における子ども参加支援は一人の教師でつくれるものではない。研修会をもとに，最初は子ども参加という実践を理解してなかった教師と話し合いながらお互いに問題点を探ることが重要である。

しかし，前述したように，子ども参加実践を理解している校長と教師の意識改革が学校の姿を変えたとすれば，もしも今の校長や教師が異動した後の学校の姿はどうなるだろうか。このような実践がいつまでも続けられるとは限らない。今，大切なことは「子どもたちに自主・自治の能力を身に付けさせること」[24]であると同時に，その活動が教師相互に継承できる実践理論にまで深められることが求められている。

4　実践の意義と課題

札内北小学校では，現在も「子どもの権利条約」の精神を活かす学校づくりを目指して，「待ち」の教育実践を行っている。その実践は，子どもの自己実現，学校生活を営む主体者として様々な活動に能動的な参加を可能とする支援実践の方法としてその価値が問われているのである。このような実践は，今までの教育する側主導の学校教育のあり方を転換するものとなる。それは，子どもの参加の権利保障という視点に立ち，子どもとおとなのパートナーシップ関係づくりのもとで，自分たちの問題に意見を表明し，決定のプロセスに参加する権利行使の主体者としての子ども観を追求していくものである。この実践は，子どもを一人の人間として，おとなと社会を共有する市民としてうけとめる子ども観に立ちつつ，自分にかかわるあらゆる場面での意見表明と参加の能力を形成する支援，すなわち，子ども参加支援論の構築につながる。

北小実践の課題

札内北小学校の実践を今後より発展させていくためには，いくつかの課題を乗り越えなければならない。

第一は，学校における子ども参加支援は，限定された領域のなかで捉えてはならないことである。本研究では学校における子どもの教科外活動を主に考察してみた。それは，学校における子ども参加の形骸化をもたらす参加経験の不

足が問題のひとつとして浮かび上がったからである。そこでは，「子ども参加を生徒会活動や教師の生徒指導の枠で理解することなく，権利としてとらえること，参加の対象・内容・形態などを明確にしていくこと」が重要である。[25] また，子ども参加を「教育の方法，手段として，あるいは学校側が期待している範囲内での参加」として捉えることではなく，[26]「諸活動の企画・意思決定に子ども自身が関与し，理想的には子どもとおとなとの共同の意思（共同決定）に高めていく」必要がある。[27] そのためにも，投票をはじめより広い領域へ子ども参加を広げていくことが求められるのである。子どもにとって参加しやすい身近な活動への参加から，より高度な参加経験を積ませることで，意見表明など参加の能力を養成することができる。

　第二は，学校における子ども参加を支援する教師の役割である。子どもの権利は，「一般人権の関係の中で，まさに基底としての意味があるが，もう一つは，子どもの権利というものは，子ども自らがそれを要求することができないという問題と関わって，誰かがその権利を保障しなければならない」場合がある。[28] そのような場合，役割を担っているのが教師である。「子どもの権利条約」は，子どもの意見表明権・参加の権利を保障している。しかし問題はこれらをどのように活かすのかである。子どもは，条約がいうとおり自分の権利を積極的に行使することが認められている。しかし，このような権利があることさえ知らない。また，権利があることを知っていても活用する力がない場合がある。そのさいは，子どもに「表現する能力を高めていく指導」が必要となる。[29] 教師の参加支援は，これらを踏まえて子どもが自分の権利を自由に行使できるように，また「自由な表現を可能とする子どもと教師の信頼関係の形成」[30] のためにも必要である。喜多明人氏は，R・ハートの「参加のはしご」理論を考察した上で，第3段の「見せかけ」とかかわって，「あたかもおとなたちが子どもの意思を尊重しているようで実際にはすべての企画・実施がおとなの手で行われている，というケースは日本でも頻繁に認められる」とした。[31] このように参加支援の際，教師の役割は「みせかけ」的な「非参加」[32] になら

ないよう，子どもの参加活動を見極める教育的な洞察力が求められる。

　第三は，教師の参加支援が十分な成果をあげるための環境整備が必要となる。現在の学校体制では，子どもの意見表明権と同様に教師の意見表明権が保障されているとはいえない。それで，教師の参加支援は，学校の管理職や地域教育行政の理解を得なければその機能を発揮することは難しくなる。したがって，学校においては，「教師の教育権の一部である『研究し，実践する権利』を自ら保障するために，民主的な職場づくり，自治的な教師集団づくり」が進められるような環境を整えることが重要である。[33] このような環境整備によって，子ども参加支援を行う際に生じる戸惑いが克服され，また，誤った支援になることを防げていくことにもなると考えられる。また，そのような教師の研究の自由が保障された上で，保護者や地域住民との連携が求められる。学校の管理職や地域教育行政の理解を得ることも大切だが，保護者や地域住民の協力なしには参加支援は成し遂げられない。札内北小学校の実践も当初は保護者から批判もされたが，現在は，多くの保護者の高い関心度を示している。[34]

　子ども参加支援の実践とは何か，なぜ必要なのか。まだその全体像が明らかにされていないので学校の教師間の衝突が生じているところもある。また，学校・教師による参加支援に関する開拓的研究は保護者・地域住民にも開いて納得を得ること，さらに，それが学校を支える共同体づくりへと発展することが求められている。

　第四は，学校外（地域）における子どもの自治活動を学校内でどう生かすか，ということである。学校外の地域や家庭における子どもの参加経験が学校における子ども参加実践を有効に機能させる条件である。学校外での子どもの活動をどう掘りおこすか。現在子どもは地域で，文化・福祉活動で，まちづくり・地球環境問題など様々なところで参加し，おとなと共同し，意思決定に関与している。[35] したがって，そこに参加した子どもの経験が実際，学校における参加の場面で活かされる方向で進められるべきであると考えられる。むろん，参加の経験が人それぞれ異なっている点を留意して他の子どもたちへも参加の場

を与えることも学校の支援策であると考えられる。

　最後に，今日の学校の現状では学校における子ども参加が十分に機能しているとはいえない。校長の意思が学校の意思として左右される今の学校体制，決められている会議の回数・時間，協議内容，そして参加する人びとの支援意識の低さなどが子ども参加を妨げている。また管理主義・競争主義教育からの子どもの権利に対する偏見の拡大の結果，子どもの自治活動はもちろん，おとなと「共同決定」「共働」できる場は次第に狭まってきたと考えられる。しかし，「子どもの権利条約」の時代になって，徐々にではあるが，子どもの意見表明・参加の権利を保障しようとする動きが様々な形で見られるようになった。その動きのひとつが幕別町立札内北小学校のような教科外活動における子ども参加実践であったと考えられる。子どもたちは活動に向けて計画・実施・評価の全プロセスに自主的に参加し，意見表明の権利を自由に行使している。教師側もそれを尊重し，子どもが真の主人公になる学校像をめざして支援を行っている。このような参加の経験は教科活動あるいは学校運営における参加活動につながると考えられる。現在，幕別町では2004（平成16）年4月『学校運営協議員制度』の本格実施を向け準備期間を設けている。そこには「説明員」として子どもの参加が予定されている。[36] そこで，札内北小学校の子ども参加実践，その参加経験の蓄積が学校運営への参加活動は活かされ，有効に機能していくことを期待する。これに対しては今後，追跡調査を行い，課題をより明らかにする必要がある。

註
（1）伊藤義明「学校を変える～子ども参加の学校の創造」）子どもの権利条約ネットワーク「子どもの権利条約 NEWSLETTER　NO.58」2001年10月20日
（2）檜山四郎・二階堂陽一『生活指導』大成出版社，1981年，152ページ
（3）内田塔子「札内北小学校実践の意義と課題」p.94,『季刊子どもの権利条約 NO.15』エイデル研究所
（4）喜多明人・荒巻重人・平野裕二著，子どもの権利条約ネットワーク編『学習子どもの権利条約』日本評論社，1998年，3ページ

（5）喜多明人「子どもの『参加』を『権利としての参加』に」p. 36,『教育評論　68号』2002年12月

（6）前出（3），95ページ

（7）田代高章「子どもの参加の現状と課題―子どもの参加能力の形成に向けて」，子どもの権利条約総合研究所研究会第一回研究会報告資料

（8）伊藤義明「学校を子どもたちの手で」，第50次合同教育研究全道集会，北教祖十勝支部，札内北小学校分会）。

（9）同上

（10）例えば，2000年度北小20周年記念大運動会実施案（2000年5月12日，書記局）では，「今年の運動会は，自分たちの手でつくりあげる運動会にする。先生たちの手をかりず，みんなの考えと実行力で運動会を成功させるようにかんばる」と子どもたちの自らが運動会の目標を定めて行ったのである。

（11）札内北小学校における総合学習は，①テーマ追求型の総合学習（子どもたちの興味関心を最優先に考え，そのことを元に個々のテーマを決め，進めていく総合学習）②テーマ設定型の総合学習（子どもたちの実態やこれから生きていくうえでぜひ考えてもらいたいことなどを元に教職員側でテーマを設定し，そのテーマに基づいて進めていく総合学習）③自治的な活動に構成されている。そして基本的な進め方は，「子どもたちの思いを大切にしながら，壁にぶつかったり，次に行きたくても行く方法がわからない時など，つねに寄り添っていることで，求められたときに一緒に考えてあげる存在が教職員であるという考え方」で進めている。学習指導要領においても，この時間は，「各学校において創意工夫を生かした学習活動を行うものである」またそのねらいを「（1）自ら課題を見付け，自ら学び，自ら考え，主体的に判断し，よりよく問題を解決する資質や能力を育てること。（2）学び方やものの考え方を身に付け，問題の解決や探求活動に主体的，創造的に取り組む態度を育て，自己の生き方を考えることができるようにすること」としたことから（文部科学賞『小学校学習指導要領解説総則編』43ページ），今後学校における子ども参加支援の活動時間の保障との関係から総合的な学習の時間の活用が求められるのである。ひいては，この時間の活用は，「子どもと地域のおとなの参画による協働，学校・家庭・地域・他のセクターとの連携による持続可能な地域づくりを目指す教育・学習であり，獲得した知識や技能などが生活の場で生かされて総合的に働くことのできる『知の総合化』として」発展していくだろう（小澤紀美子「総合的な学習の時間と子どもの参画」107ページ，子どもの参画情報センター『子ども・若者の参画―R・ハートの問題提起に応えて』萌文社，2002年

（12）恒吉宏典『教育方法学』福村出版，1994年，57ページ

（13）たとえば，子ども主体の「学習発表会」に向けての準備は，学級活動がなくては成り立たない。そして，教科との関連では，劇の練習は国語時間，器楽・合唱は音楽時間に，ダンスは体育時間という取り組みで，一部ではあるがその可能性はあると考えられる。

（14）喜多明人「子ども参加支援論の構築と課題―子どもの権利条約時代の子ども実践」前出（3），46

ページ
(15) 同上
(16) 文部科学省『小学校学習指導要領開設─特別活動編』東洋館出版社，2001年7月，79ページ
(17) 同上，42ページ
(18) 同上，60ページ
(19) 勝野充行「学習指導要領と子どもの苦悩」139ページ，勝野尚行・酒井博世『現代日本の教育と学校参加─子どもの権利保障の道を求めて』1999年
(20) 同上，139～140ページ
(21) 前出（3），94ページ
(22) 札内北小学校，研究主題「『生きる力』を子どもたちに」2002年
(23) 山本敏郎「生活指導教師としての自立」48ページ，日本生活指導学会『生活指導研究第7号』明治図書，1990年9月，その具体策として，「校内研修のさいに，公的な機関の指定や委嘱以外にも，著名な研究者の教育理論や教育方法で統一的に学校の実践研究を進める」ことである。そのうえで，「指導とはなにか」を研究課題とすることが求められる。しかし，注意しなければならないことは，教師たちの教育方法の多様性と実践の自由が認められなければならない。実際，札内北小学校の子ども参加実践は，教師の自主的な学習意欲もあるが，今後の子ども参加支援のためにも研究者（喜多明人氏）を招いて，実践に活かそうとしている。研究者の理論はあくまで参考になるもので，学校の子ども参加の取り組みは子どもと教師の関係のなかから生まれるのであると考えられる。）
(24) 教師との話し合いの時間で黒澤先生の意見
(25) 荒牧重人「子どもの権利条約と日本社会の子ども」37ページ，喜多明人・荒牧重人・平野裕二『学習子どもの権利条約』日本評論社，1998年
(26) 喜多明人「子どもの参加を権利としての参加に」35ページ，『教育評論，VOL. 668』2002年12月
(27) 同上，36ページ
(28) 堀尾輝久「人権と子どもの権利」123ページ，教育科学研究会，柿沼昌芳・田沼郎・三上昭彦『子どもの権利条約─学校は変わるのか』国土社，1992年
(29) 藤田昌士『子どもの権利と生活指導』一葉書房，1993年，73ページ
(30) 同上，藤田昌士氏は，また，子どもが自由に意見を言えるかどうかの問題は教師との信頼関係と関わって，「意見の表明（子ども）と意見の尊重（教師・学校）という関係の強弱が，意見の表明の程度やその能力形成の程度にも影響する」としている。
(31) 喜多明人『新世紀の子どもと学校─子どもの権利条約をどう生かすか』エイデル研究所，1995年，133～134ページ
(32) ロジャー・ハート著『子どもの参画─コミュニティづくりと身近な環境ケアへの参画のための理論と実際』木下勇・田中治彦・南博文監修，ＩＰＡ日本支部訳，萌文社，2000年，42ページ

(33) 山本敏郎「生活指導教師としての自立」47ページ，日本生活指導学会『生活指導研究第7号』明治図書，1990年9月

(34) 喜多明人『子ども参加の学校・地域—主体的に活動し，生きていこうとする子どもたちのために』札内北小学校特別講演会資料，2002年10月16日

(35) 喜多明人・坪井由実・林量俶・増山均『子どもの参加の権利—市民としての子どもと権利条約』三省堂，1997年，「第2章，社会における子ども参加」参照

(36) 幕別町教育委員会『幕別町立小中学校運営協議会，協議員制度関係資料』3．協議員制度導入の設置体制の中では，「説明員となる教職員及び児童生徒は，委員長または校長の要請に基づき，運営協議会に出席する。その際，説明員として意見を述べることができるものとする」になっている。

(金　炯　旭)

埼玉県鶴ヶ島市の学校改革と「学校協議会」

　2000(平成12)年の学校教育法施行規則の改正にもとづき，学校評議員制度の導入が自治体レベルで様々な態様をもちながら進んでいることは本書第3部の通りである。本章で報告する埼玉県鶴ヶ島市の「学校協議会」は，開かれた学校運営を目指して，学校評議員制度より半年ほど早い1999(平成11)年11月(全校完全導入は翌1月)に導入された。

　埼玉県鶴ヶ島市の「学校協議会」は，学校内外の者が学校運営へ参加する仕組みであり，文部科学省の勧奨する学校評議員制度と多くの共通点をもっている。しかし，学校協議会には，鶴ヶ島市の独自の取り組みとして注目すべき点がある。それは，学校評議員制度では想定外とされている「子ども」や「教職員」を学校協議会のメンバーとして位置づけ，より多くの人々にとって開かれた学校運営が行われるようにしていることである。

　子どもの学校運営への参加は，今日，川崎市をはじめとする自治体で独自に展開されつつあるが，これは1994(平成4)年にわが国が批准した国連「児童の権利に関する条約」(「子どもの権利条約」という)によるところが大きい。実際のところ，この条約の理念にもとづいた自治体レベルの条例制定や教育改革の取り組みは近年増加しつつあり，今後その具体的施策として，学校運営への「子ども参加」の機会が拡大することは大いに予想されるだろう。そのような状況を踏まえれば，鶴ヶ島市が「子ども参加」を自治体の教育施策の主柱に据え，その具体的方策として導入している「学校協議会」は，その先駆的事例と

して，研究の意義があると考えられる。そこで，本章では，鶴ヶ島の学校協議会を紹介し，子ども参加型の学校運営の実施運用の実態と意義について述べていくことにしたい。

1 「学校協議会」導入の背景―鶴ヶ島発の「開かれた学校づくり」

鶴ヶ島の地域的特色

　鶴ヶ島市は，首都圏45km圏内の埼玉県に位置し，新興住宅地と古くからの農村とが混在する地域であり，1966（昭和41）年に町制，1991（平成3）年に市制が施行された，自治体としては比較的新しい地域である。首都圏に位置することから，かつては人口流入が活発で，町制施行当時1万人に満たなかった人口は，現在約6万7000人である。そのような地域性を有する鶴ヶ島市は，町制時代以来，人口急増などにより学校教育と社会教育の充実が図られ，特に社会教育においては，日常生活圏内の公民館設置や公民館内の図書館分室設置など極めて充実した社会教育施策が行われてきた。したがって住民の教育に対する意識が極めて高い地域であるといわれている。[1] それは，市制移行後の市の社会教育整備事業の縮小問題に対して，9000人に及ぶ反対署名運動などに代表される住民運動が起こったことからもうかがうことができる。

　そのような住民運動も背景として，市民の行政に対する不信感は募り，行政はそれを解消するために政策転換が必要となった。そこで，鶴ヶ島市は，1993（平成5）年に現在では「一人一役の市民参加」と呼ばれている市民参加を基本としたまちづくりを目指す政策方針を打ち出した。それ以来，鶴ヶ島市は市民参加を市政の根本的理念に据えてあゆみつづけることになったといわれている。[2]

　以上のような鶴ヶ島の歴史的に培われた土壌が，後述する鶴ヶ島発の「開かれた学校づくり」の理念を生みだした。具体的には，地域住民はもちろんのこと，子どもや親・保護者を含めた市民参加型の学校運営スタイル，すなわち

「学校協議会」を導入することになったと考えられる。

鶴ヶ島発の「開かれた学校づくり」

鶴ヶ島市は，1999（平成 11）年度を「教育改革元年」と位置付け，具体的な教育改革を進めていくことになる。その改革の主柱のひとつとして掲げられたのが，「開かれた学校づくりの推進」である。[3]

「開かれた学校づくり」は，文部省（当時）・中央教育審議会により，特に 1996（平成 8）年と 1998（平成 10）年の 2 度にわたって提言が行われており，[4] 鶴ヶ島市が，その影響を強く受けたのは確かである。そのような状況にあって，鶴ヶ島市が，「開かれた学校づくり」を掲げる具体的な契機となったのは，1998（平成 10）年度の，教育委員会内「開かれた学校づくり検討委員会」の高知の「土佐の教育改革」や北海道の稚内中学校等の視察研修だったという。[5] 視察研修後，教育委員から地域住民が参加し学校教育をすすめる制度が案出され，以後協議されることになり，地域住民と子どもの参加を根底にした開かれた学校づくりをめざす気運が高まっていったという。[6]

そのような経緯があり，鶴ヶ島の「開かれた学校づくり」の具体的施策として「学校協議会」と，教育行政への市民参画を実現した「教育審議会」を中心に進められていくことになる。[7]

「開かれた学校づくり」の理念

鶴ヶ島市の「開かれた学校づくり」の理念は，1999（平成 11）年の教育委員会通知「開かれた学校づくりについて」において明示されている。[8] それは，今日深刻化している様々な教育問題の解決に向けて展望を見出すための教育の共同的創造の理念でもある。いいかえれば教育行政，学校，家庭や地域の連携による教育行政及び学校教育の改革と，情報の公開・共有，参画・協働，そして創造によるまちづくり・地域づくりをめざすものである。先の通知では，「子どもたちの教育は，単に学校だけではなく，学校・家庭・地域が適切な役割分担を果たしつつ，連携して行われることが重要」として，そのために今後

の学校は「内にも外にも『開かれた学校』となり，家庭や地域社会に対して積極的に働きかけを行い，家庭や地域社会とともに子どもたちを育てていくという視点に立った学校運営を心がけること」が極めて重要であると示している。そのような「開かれた学校づくり」の理念に鶴ヶ島の独自性をうかがうことができる。現代の教育病理（不登校やいじめ等）の解決をめざすという点では，文部省（1999年当時）の提唱する「開かれた学校」と共通しているが，その理念には，それ以上に鶴ヶ島の独特の方針が反映されているのである。そのことは，この通知と同時に示された「教育改革の基本方針」において，まちづくりの基本理念（情報の公開・共有，参画・協働，そして創造）の実現が「教育の力を待つべきものである」と示していることからも理解できる。[9] つまり，鶴ヶ島市の「開かれた学校づくり」は，教育病理を解決するという教育的要素と，市政方針を実現するという政治的要素によって成り立っており，それは同時に，教育が市政の中核となっているものと考えられる。鶴ヶ島流の「開かれた学校づくり」は，そのような意味合いをもちつつ，具体的に次のような意義をもっているのである。

「開かれた学校づくり」の具体的方針

鶴ヶ島市は，「開かれた学校づくり」の課題目標として，具体的に次の3点を掲げている。

第一は「子どもに開かれた学校づくり」である。これは，鶴ヶ島市の教育改革の原動力となった教育委員会による視察研修によって，子ども参加の実践の意義を強く認識したことから提唱されたものである。そして，教育審議会により，鶴ヶ島の教育改革の方針は「子どもの権利条約に則った」ものと示されているように，「子ども」が教育方針の中核に据えられててきた。[10] そして，鶴ヶ島市は，そのような理念を掲げた後（学校協議会の導入後）の2001（平成13）年には，「子どもは小さなまちづくり人」と位置づけ，子どもを「現在のまちづくりの主体」「まちづくりの共働の担い手」「将来のまちづくりの担い手」として明確に位置づけているのである。[11]

そのような意味合いを含む鶴ヶ島市の「子どもに開かれた学校づくり」は，「子どもの権利条約」に則って「様々な教育活動の場面で，子どもの思いや願いを汲み取る努力が必要」と示されている点では，文部科学省の掲げる「開かれた学校づくり」の理念とは一線を画すものであり，鶴ヶ島の教育の独自性を最も顕著に理解できる点である。

　第二に，「保護者・家庭や地域に開かれた学校づくり」である。これは，文部省（当時）の掲げる「開かれた学校づくり」の理念と同様の意義をもつものである。すなわち，「学校王国」として"聖域"となっている「学校」の体質が，現在の教育病理の発見を遅らせ，その深刻化の要因となっていることから，その打開をめざすものである。そこで，学校は「保護者・家庭や地域の人々に，自らの考えや教育活動の現状について率直に語るとともに，保護者・家庭や地域の人々の意見を十分に聞く努力を払い，それぞれがなすべきこと，できることを明確にし，地域ぐるみで子育てをすることが大切である」[12]と示されている。

　第三は，「教師に開かれた学校づくり」である。これは，学校の閉鎖性が対外的にだけではなく，「学級王国」や「学年セクト」と言われるように，学校の内部すなわち教師間にも存在しており，子どもへの教育活動における協力関係が生まれにくくなっている状況を踏まえて，その打開を図ろうとするものである。そこで，具体的には，職員会議における意思疎通，共通理解の促進，意見交換などを図り，また風通しのよい学級経営，学年経営を行って，教師同士の開かれた関係づくりに努めると同時に，校長との報告・相談・連絡体制の確立を図ることが大切であるとしている。[13] つまり，「教師に開かれた学校づくり」とは，校長など管理職と一般教職員，そして一般教職員同士の関係を改善するためのものである。その点は，中教審答申等を通じても提言されていることであるが，文部科学省の「開かれた学校づくり」は，学校と学校の外部との連携をすすめる意味あいが強いように思われる。それは，文部行政が勧奨する「開かれた学校づくり」の具体的施策である「学校評議員制度」が，子どもや教職

員を学校評議員に想定していないことからも理解できるだろう。しかし、鶴ヶ島市の「開かれた学校づくり」は、このように学校内部にも「開かれた」ものとするように求めるものであり、そこで、「学校協議会」には「教職員」、そして「子ども」をもそのメンバーとして位置づけられていることから、やはり鶴ヶ島の独自性を示すものだといえるだろう。

2 「学校協議会」の導入と組織形態

「学校協議会」の導入

「学校協議会」の導入をめぐる動きは、前述したように、1998（平成10）年度に教育委員会内に「開かれた学校づくり検討委員会」が設置されたことによって具体的に始まる。そして、そこで、前述した教育委員会の視察研修後の成果についての協議を通じて、子どもと地域住民が参加する学校運営制度の導入が案出されたといわれている。[14] それが、鶴ヶ島市における「学校協議会」導入の端緒といえるだろう。

そして、学校協議会の導入に関する議論は、1999（平成11）年に入り本格化する。具体的には、教育委員会会議で、いくつかのポイントが挙げられ議論された。すなわち、「子ども参加」や学校協議会の役割、そして校長と学校協議会との関係および学校協議会の位置づけなどである。議論の中では、学校が学校協議会を単なる手足（下請け）として使わないことや、形骸化を危惧しての、メンバー選出の際の充て職禁止、校長が全ての学校協議会の会議に出席して学校側の説明責任の役割を果たすことなどが提案された。[15]

教育委員会における上述の議論を経て、学校協議会の具体的な枠組みができあがり、その設置指針案が作成された。そして、それについては、校長会とも意見交換が行われ、設置指針案は部分的に修正され、最終的な設置指針が完成したといわれる（詳しくは後述．資料1）。ただし、学校協議会の全校一斉導入（必置）については、校長会ではコンセンサスが得られなかったという。[16]

以上のような議論を経て，参加型の学校運営制度の導入の着想からわずか約1年という短期間で，教育委員会は，1999（平成11）年7月22日に市内の公立小・中学校合わせて13校の校長宛に「開かれた学校づくりの推進について」（通知）を出し，そこにおいて学校協議会の具体的なモデル案が，次に述べる「学校協議会設置指針」というかたちで示されたのであった。これによって，鶴ヶ島市の学校協議会の導入は，教育行政から各学校へと移り，その実施と運用をまつのみになった。

　鶴ヶ島の「学校協議会」は，上述したような鶴ヶ島発の「開かれた学校づくり」の具体的推進施策として，教育委員会の主導によって，市内の全ての学校に必置の仕組みとして導入されたのである。その具体的な実施運用の在り方については，各学校にその地域などの実情に応じたものにするよう自由裁量を認めつつ，「各学校は（仮称）学校協議会を設置することとする」とした。

設置指針にみる「学校協議会」[17] ──「学校協議会設置指針」（資料）より
設置目的と取り組む内容

　学校協議会は，1999（平成11）年7月に「学校協議会設置指針」というかたちで，その具体的なモデル案が提示された。設置指針の取扱いは，通知では，それを「参考にして，各学校は（仮称）学校協議会を設置することとする」と示されている。[18] すなわち，学校が，設置指針通りに学校協議会を設置するのではなく，学校の自主性・自立性の確保や，地域の実情への配慮の観点から，あくまでもそれを「参考にして」，独自に内部規程（内規）を定めて，学校協議会の設置・運営することを学校に求めていた。そして，「学校協議会」の「設置目的」は，上述のような「開かれた学校づくり」の理念を実現するために，「子ども，保護者・家庭，地域，教師」それぞれが「情報を共有する」と共に，「学校運営に意見が反映できる場」とされ学校単位で設置すると示されている。そのような「設置目的」にもとづいて，学校協議会が「取り組む内容」は以下の5点である。

第一に「学校・家庭・地域の情報の共有化について」である。学校が，家庭や地域から協力を得る場合や，三者が解決していくべき共通の課題について協力・連携を図っていく場合は，当然ながら，その三者による情報の共有化は必要不可欠なことであり，学校協議会の設置目的の中でも特に重要なものだと考えられるだろう。この点は，学校評議員制度とも共通一致しており，情報の共有化には，特に「学校の説明責任（アカウンタビリティ）」が求められるものと理解できる「学校運営に意見を反映できる場」であるとすれば，当然ながら学校側が参加者に対して，学校の有する情報について提供しなければ，参加者の有意義で建設的な意見を望むことができないからである。

　第二に「学校の地域社会への貢献について」である。これは，「学校」が「地域」の拠点として地域づくりの役割を担うこと，すなわち，「学校協議会」が，地域社会の教育における協力関係を再生する機会として期待されているということである。

　そして，第三は，「地域の教育力の学校への活用について」である。これは2点目とは方向性が逆のものである。つまり，文部行政の掲げる「開かれた学校づくり」と共通の理念で，端的に言えば「地域」が「学校」を支えるという理念であると捉えられる。

　第四は，「子ども主体の学校づくりについて」である。これは，前述したように，鶴ヶ島発の「開かれた学校づくり」をまさに反映したものであり，「学校協議会」の特徴である。それは「子どもの権利条約」に則った鶴ヶ島の教育方針にもとづくものであり，具体的に同条約12条の子どもの「意見表明権＝参加権」を保障する機会としての役割を「学校協議会」に求めるものであり，子どもが学校運営へ参加し，意見を表明する機会を，制度上明確に位置づけるものである。そのように「子ども」の学校運営への参加を制度上明確に位置づけている点は，日本では事例も少なく，鶴ヶ島市の学校協議会が先進事例として研究する意義は特にこの点にあると考えられよう。

学校協議会の構成（＝協議委員）と人選

　設置指針には，仮の「学校協議会委員」（以下，協議委員）として，次のようなメンバーを挙げている。

　まず，「子どもに開いた学校づくり」の観点から，「児童・生徒代表」が挙げられている。「子ども」は，学校評議員制度では，文部省の通達によって，学校評議員に「児童生徒を委嘱することは想定されていない」[19]とされている点と比べると，鶴ヶ島の「学校協議会」は学校評議員制度とは一線を画すものであるが，実施運用上の留意事項として，子どもの出席は，協議内容によって教育的配慮が生じる場合，校長が判断すると示されており，条件つきの「子ども参加」といえるだろう。

　その他のメンバーは，「保護者，家庭や地域に開かれた学校づくり」の観点から，ＰＴＡ組織や地域住民組織，そして高齢化社会をふまえた高齢者組織や子どもの健全育成組織から選出された者が挙げられる「教職員に開かれた学校づくり」の観点から「教職員代表」が挙げられている。最後の「教職員代表」は，学校評議員制度では想定されていない。

　学校協議会の協議委員は，上記のような各区分で２～３名程度とされ，その他には「校長が委嘱した者」とされている。協議委員に関する留意事項には，学校評議員制度とは異なる重要な点がある。学校評議員制度の評議員が，「校長の推薦」にもとづいて当該学校の設置者（教育委員会等）によって委嘱されるのに対して，鶴ヶ島市の学校協議会の協議委員は，校長が委嘱する権限を有していることである。つまり，鶴ヶ島市の「学校協議会」では，校長は，協議委員の人選についても重要な裁量と責任を有している。

学校協議会の留意事項

　設置指針には，「学校協議会」の実施運用について，次のように留意事項が示されている。

　まず，学校協議会の協議委員の人選に関する留意事項について２点が示されている。協議委員の人選の際に，協議委員はＰＴＡや自治会など団体の代表者

である必要はなく,「地域ぐるみで子どもを育てていくという視点に立った人」を選考することである。これは,前述した学校協議会の導入をめぐる議論の中で,形骸化を防ぐために「充て職」を禁止しようという提案を踏まえたものであると考えられる。2点目は,前述した協議委員の任命についての校長の裁量権である。つまり,「学校協議会」は,昨今の校長の裁量権拡大と校長のリーダーシップにもとづく「学校」改革の志向を踏まえつつ,「子ども参加」支援のような独自的役割を与えられて導入されたものだと考えられる。

次に,学校協議会の具体的な運営に関する留意事項が示されていることである。学校評議員制度は,文部省によって一堂に会し意見を陳述し交換する場は必要とされたものの,法規上は組織体とされてはいない。[20] しかし,「学校協議会」はその名称が示す通り組織体として定められている。協議会の具体的運営の留意点について,まず,その長たる委員長などの選出は,協議委員の互選によるということ,そして会議はその委員長が基本的に「招集」することが示された。その点も,校長主導の学校評議員制度とは異なる組織的性格をもつ。

さいごに,学校協議会と校長との関係について留意事項が示されている。校長と学校協議会との関係は,校長の学校運営を助けるものであるという点では学校評議員制度と同様である。校長は,メンバーにはならないが,学校の情報提供および説明責任を果たす意味合いで意見を陳述する者として,全会議に出席することになっている。ここでは,校長は「学校経営・管理などの責任者である」として,「協議会の意見を踏まえながら,学校の自主性,自立性を保持した学校運営を行う」とされた。

以上のような指針をみて,特に着目されるのは,校長と学校協議会との関係である。たとえば,前述したように,協議会の開催は,メンバーの互選によって選出された委員長が「会議を招集する」とされており,また「校長は必要に応じて,委員長に招集を求めることができる」とも示されている。すなわち,学校評議員の学校運営への意見陳述の機会は,校長の裁量次第であるのに対して,「学校協議会」の場合は,意見陳述の機会である会議の開催権が,委員長

にもあり，校長の求めがなくとも，自由に意見を陳述できるということである。つまり，学校協議会と校長との関係は，確かに校長が学校の管理運営の最終的な責任者であるという点は学校評議員制度と変わりないが，子どもや親・保護者，地域住民などの学校運営へ関与する機会は，学校評議員のそれよりも学校独自に発展していく可能性が高いものと考えられるだろう。

―資料「学校協議会設置指針」（鶴ヶ島市教育委員会『鶴ヶ島市学校協議会の概要』より）―

1　○○○学校協議会（仮称）設置の目的

　子ども，保護者・家庭，地域，教師それぞれが情報を共有するとともに，学校運営に意見が反映できる場として学校単位で設置する。

2　学校協議会で取り組む内容

（1）学校・家庭・地域の情報の共有化について
（2）学校の地域社会への貢献について
（3）地域の教育力の学校への活用について
（4）子ども主体の学校づくりについて
（5）その他，学校協議会の設置目的を達成するために必要なこと

3　学校協議会委員（例）

（1）児童生徒代表委員
（2）ＰＴＡ組織から選出された者
（3）地域住民の組織から選出された者
（4）高齢者の組織から選出された者
（5）子どもの健全育成の組織から選出された者
（6）教職員代表
（7）その他，校長が委嘱した者

【留意事項】
◇各学校において，開かれた学校づくりの必要性について共通理解を十分に図る。
◇協議会委員は必ずしも団体の代表者である必要はなく，地域ぐるみで子どもを育てていくという視点に立った人を選考する。
◇選出区分の各委員は2～3名程度とし，校長が委嘱する。
◇協議会の委員長，副委員長は各委員の互選とする。
◇会議は委員長が招集する。
◇校長は必要に応じて，委員長に会議の招集を求めることができる。
◇校長は協議会の委員にはならないが，全ての会議に出席し，必要な説明と意見を述べる。
◇会議は全委員及び校長が出席するが，協議内容において教育的配慮が生じる場合，児童・生徒の出席は校長が判断する。
◇学校経営・管理等の責任者である校長は，協議会の意見を踏まえながら，学校の自主性，自律性を保持した学校運営を行う。

なお，すでに校長が主体となった協議会等を開催している学校については，その実践を活かしながら，開かれた学校づくりに努める。

3 「学校協議会」の組織実態―各学校協議会の内規より

各学校は，「学校協議会設置指針」にもとづいて，内規（校内規程）を定めて，1999（平成11）年度より活動を展開している。各学校の内規では，学校協議会はどのような組織として定められているのだろうか。以下，総合的に見ていくこととしたい。

名称・目的および協議・活動事項

まず，学校協議会の名称は，学校名を先頭につけた「〇〇学校協議会」というものが，13校中9校である。残りの4校は，「新町小サポーターズクラブ」

や「長久保小地域の宝を育てる協議会」「藤中学校区ふれあい推進協議会」「西中学校を支える会」というような独特な名称をつけており，学校の自律性・独自性を反映したものになっている。

「学校協議会」の設置目的・役割については，鶴ヶ島市教育委員会が示す設置指針を大いに反映しているものが多い。すなわち，「家庭・地域・学校の情報の共有化」，「学校外（地域や家庭）の意見の学校運営への反映」を通じて，「地域にねざした学校づくり」及び「開かれた学校づくり」を行うことを目的としていると言うことができるだろう。[21]

そして，そのような「目的」を見ていくと，第一に「地域（住民）」，第二に「家庭（親・保護者）」が「情報の共有化」や「学校運営への意見反映」の担い手として掲げられている点は全校で共通している。その一方で，鶴ヶ島の教育方針や設置指針において，最も重要な位置づけを与えられている「子ども」は，各学校協議会内規の「目的」では位置づけられていないことが多い。たとえば，ある学校協議会の内規では，その目的について「開かれた特色ある学校づくりを進めるために，学校・家庭・地域が情報を共有化すると共に，広く保護者や地域住民の意見を学校運営に反映させ，相互協力によって健全な子どもたちを育成することを目的とする」と定めている。各学校協議会の内規で見る限りは，「子ども」が親・保護者や地域住民，教職員と同様の「学校づくり」の担い手＝情報の共有化と学校運営への意見反映の主体であると規定しているところは意外に少ないのである。

そのことは，鶴ヶ島が「子どもの権利条約」の精神を踏まえ，「子ども」がおとなと共に学校を支える担い手として役割を果たすことを期して，「子ども主体の学校づくり」を主要な目的として導入した「学校協議会」の構想と，学校現場との間に微妙な乖離があるものとも捉えられよう。その一方で，「子ども」を，学校協議会内規の「目的」でも位置づけている学校は13校中3校あり，また「子ども」が「目的」には位置づけられていないものの，内規の「構成」（協議委員）の中には「子ども」を位置づけているところも多くあるのが

表1　各学校協議会の協議事項・内容　　（校）

協議事項	小学校	中学校	全校
地域の教育力の活用	5	4	9
学校・家庭・地域の情報共有化	4	4	8
特色ある学校づくり	5	2	7
地域活動への協力・貢献	2	4	6
子ども主体の学校づくり	2	4	6
関係諸団体との連携	4	1	5
会員の研修	3	2	5
生徒指導	4	0	4
学校保健・安全	3	1	4
教科指導	1	0	1
学校行事	1	0	1
学校施設	1	0	1
その他必要な事項	8	5	13

（『鶴ヶ島学校協議会の概要』（No.4, 市教委, 2003年）に掲載されている各学校協議会の「内規」をもとに著者が作成）

内規上の実態である。

　さて，内規上，上記のような目的を与えられている「学校協議会」は，具体的にどのような役割を担い，どのような取り組みを行う組織として定められているのだろうか。学校協議会の「協議事項」「活動」は別表（表1「学校協議会の協議事項・内容」）の通りとなっている。[22]

　まず，13校中9校が「地域の教育力活用について，地域の人々の人材活用について」を協議事項として挙げている。次に多いのが，「家庭・学校・地域の情報共有化について」で8校，そして「特色ある学校づくり」が7校となっている。そして，「子ども主体の学校づくり」については，13校中6校（小学校2校・中学校4校）で，特に小学校においては「子ども主体の学校づくり」について，協議会の協議及び活動内容として掲げているところは少ないようである。

　「学校協議会」の「協議・活動内容」は，全体的に非常に抽象的な事項が多いが，「学校行事」や「授業等教科指導」などと具体的な事項を示している学校もある。また，教育委員会が示す「設置指針」における学校協議会の「取り

組む内容」を大いに反映したものであると言える。ただし、「子ども主体の学校づくり」は、半数以上の学校の内規上の「目的」「協議・活動内容」からは見出されず、行政（市教委）と学校現場との間に「子ども参加」に対する認識についてズレがあることは歪めないだろう。

　以上のように内規が定めている通り、「学校協議会」は「学校づくり」を「目的」として、それに関わる「協議事項・内容」について、親・保護者や地域住民、そして場合によっては子どもが、意見交換、協議を行う学校運営組織であると考えられる。

　では、その学校協議会の組織的性格を内規上から見出すとすれば、どのように位置づけられるのであろうか。設置指針からは、「学校協議会の設置目的」において、「学校運営に意見を反映できる場」とされていることから、学校運営に関する「意思形成」及び実質的な「決定」を行える組織として期待されているものと考えられるだろう。その一方で、各学校の学校協議会は、それぞれの内規で、協議事項・内容について「協議し、推進するもの」（杉下小）「学校運営に（中略）助言示唆すること」（新町小）というように、校長が諮問した内容（学校運営の事項）について、協議委員が意見を陳述する機会として、すなわち学校運営に関する「助言機関」「諮問機関」的組織としての位置づけを与えているように定められている。それに対して、「審議決定、推進するもの」（西中、南中）というように学校運営の「意思形成」及び実質的な「意思決定」組織としての位置づけを与えるように定められたりしている。ちなみに、後者のような組織的性格をもつものと内規上考えられる「学校協議会」は5校（小学校2校・中学校3校）である。

「学校協議会」の協議委員の人選及び定員・任期等

　「学校協議会」は、各学校の定める内規において、別表（表2「学校協議会の構成」）のような構成で組織されている。

　最も多く挙げられているのが「ＰＴＡ代表（役員）」で、13校全校の学校協

議会で構成メンバーとされている。また，次に「教職員」が12校，つづいて「民生児童委員」と「学区自治会・町会役員（会長・副会長指定含む）」が10校の学校で構成メンバーとされている。そのような人選を見ると，あて職的限定はあるものの市教委が掲げる学校の内外に「開かれた学校づくり」を実現すべく構成になっていることがうかがえるだろう。

そして，「子ども」協議委員が，内規上位置づけられているところは13校中8校である（1999年度の導入時は6校）。それを学校種別に見ると，「中学校」では5校全ての学校協議会で，「子ども」が協議委員として位置づけられており，内規上は学校協議会への「子ども参加」が保障されているといえる。しかし，その一方で「小学校」では，8校中3校しか位置づけられておらず，ここにおいても行政（市教委）の想定する「学校協議会」における「子ども参加」の認識について，特に小学校との間にズレがあることがうかがえるだろう。また，「子ども参加」を位置づけている8校の学校協議会では，「子ども参加」は「校長が判断する」「必要に応じて」というような条件をつけている学校が5校ある。「子ども参加」は校長の裁量次第となっていることがうかがえる。そのように内規で定められている学校協議会への「子ども参加」は，実際の運用状況を見てみると，1999（平成11）年度の導入段階では，小学校4校，中学校5校で実施されている。[23] そして，それ以降は，学校協議会への「子ども参加」は，多くの中学校で少なくとも1回は実行されているものの，小学校では1校のみしか実行されていないというのが現状であり，小学生の学校協議会への参加が進んでいないことがうかがえる。[24]

このような「子ども参加」についての認識のズレは，「子ども参加」はおろか学校協議会の導入が，行政と学校現場との十分なコンセンサスがとれないままに，行政主導の下に短期間で行われたことが大きな要因であると思われる。その反省から，[25] 校長や教職員，そして協議委員に対して，「子ども参加」の必要性などに関する研修や懇談会等を随時実施している。[26]

また，「協議委員」は，全ての学校協議会の内規で，「設置指針」通り「校

表2　各学校協議会の構成　　(校)

選出区分	小学校	中学校	合計
PTA（役員）	8	5	13
教職員	7	5	12
地域住民・自治会	7	3	10
民生児童委員	7	3	10
主任児童委員	6	2	8
児童会・生徒会（役員）	3	5	8
青少年健全育成組織	3	4	7
子ども会	5	0	5
学校開放団体	4	0	4
同窓会	1	1	2
高齢者団体	2	0	2
有識者	2	0	2
商店会	1	0	1
歴代PTA	1	0	1
授業協力者	1	0	1
交通指導員	1	0	1
社会教育団体	1	0	1

(『鶴ヶ島学校協議会の概要』(No.4, 市教委, 2003年)に掲載されている各学校協議会の「内規」をもとに著者が作成)

長」の委嘱任命によって選出されている。内規では，定められた選出（組織）区分から具体的に誰を選出・委嘱するかについても示されているところが多い。たとえば，全校で構成メンバーとして位置づけられている「PTA」についてみると，PTAの「代表者」及び「選出された者」とされているところが多い。具体的に「会長」や「副会長」などPTA役員に限定している学校（第一小・南小・藤小）もある。また，12校の学校で構成メンバーとされている「教職員代表」についても，その代表を教頭や教務主任というように限定している学校（新町小・西中）もある。「子ども」についても同様に，児童会・生徒会役員と限定しているところがほとんどである。つまり，そのような組織（選出区分）からの協議委員の選出・委嘱にあたり，PTAをはじめとする各組織で予め選出された役員等をそのまま「代表者」「選出された者」として協議委員にすることが圧倒的に多いようである。

協議委員の定員については，4校が内規上に定めている。また，学校協議会の実際の実施運用のために，協議委員の中から「学校協議会」の総括的な実務を行う「役員」(会長，委員長，代表) や「幹事」が選任されることと，13校全ての学校協議会の内規が規定している。そして，その「役員」や「幹事」の選任にあたって，特に会務を総理する「役員」は，13校全ての協議会で協議委員による「互選」とされている。その一方で，協議会の庶務を担当する「幹事」については，教頭や教務主任が充てられているところがほとんどである。また，協議委員の任期については，「1年間」とされているところが9校あり，残りの4校については，「役員」の任期のみ「1年間」と規定されている。

「学校協議会」の実施運営と「校長」の役割

　「学校協議会」の実施運営について，その「招集」「開催」については，各学校の内規で互選によって選任された「代表」(会長，委員長) が行うものと全校で定められている。また「代表」が，協議会の議事進行を行う「議長」としての役割も規定されている。そして，「校長」も「必要に応じて」協議会の招集・開催を「代表」に求めることができるというように，校長の協議会の「開催招集権」が7校の内規において認められている。また，その協議会の開催や招集について，「年間3回を原則とする」というように開催回数を規定している学校も2校 (鶴ヶ島二小・藤小) ある。そのような内規上では，「学校協議会」の「開催」「招集」は，互選により選ばれた「代表」の意思及び「校長」の意思に大いに依拠するものだと考えられるだろう。それは，前述したように，校長が自らの「必要に応じて」学校評議員に意見聴取を行う学校評議員制度とは異なる点である。

　そのような「学校協議会」における「校長」の役割・権限については，前述のような協議会の開催・招集権限のほかに，4校の内規で「校長」の「参加」(出席) を明確に規定しているが，「全ての会議に出席し，必要な説明と意見を述べる」(鶴ヶ島中) というように，具体的に校長の学校協議会における役割

を規定するところは2校しかない。しかし，そのように内規に定められていないとはいえ，「学校協議会」が「開かれた学校づくり」の根本理念にたった学校運営組織である以上は，学校づくり＝「学校運営」の権限・責任者である「校長」が，学校協議会に参加・出席することは当然のことであり，協議会の協議委員の協議，意見交換の際に必要な情報の提供や，協議委員の求めに応じて学校の実状を説明することが求められている。

4 「子ども参加」による学校協議会の活動—「西中学校を支える会」の取り組み

「学校協議会」は，設置指針や各学校の内規において，前述してきたようにその組織的形態が具体的に定められているわけであるが，実際にどのような活動を展開しているのだろうか。そこでさいごに，具体的な学校協議会の取り組みを紹介し，あわせて子どもや親・保護者，地域住民，そして教職員が学校運営へ参加する意義について述べていくことにしよう。

西中学校と学校協議会「西中学校を支える会」の概要

鶴ヶ島市立西中学校は，地理的には市中心地付近に位置し，古くからの田畑が広がるのどかな風景と，近年造成されつつある新興住宅地が広がる風景とが混在する地域に立地している。生徒数は299名で学級数10クラス，教職員は33名の中規模校である。そのような西中学校に「学校協議会」＝「西中学校を支える会」(当時「西中を語る会」[27]) が設置されたのは，1999（平成11）年12月のことである。

その「西中学校を支える会」（以下，西中協議会）は，現在の校長が赴任した2002（平成14）年度には，他の学校協議会の中では最多の5回にわたり開催され，そのいずれの回にも「子ども」が協議委員として参加し，他の協議委員と積極的に意見を交換し，その結果，協議会で審議決定された事項が学校づくりに着実かつ具体的に反映されている実績がある。そのような西中協議会につい

て，筆者は2002（平成14）年度から2003（平成15）年度にかけて7回の協議会を傍聴視察し，それ以外に校長及び協議委員と懇談を行った。

　西中の内規「西中学校学校協議会規約」（資料1参照）には，次のように組織の目的や構成，実施運営等が定められている。[28] まず，西中協議会の目的は，「西中学校の生徒の健全な成長を支援する」ために，「地域社会の意見を広く学校運営に反映」する「地域に根ざした学校づくり」の実現を目指すことと定められている（同規約3条）。そしてそのような目的を実現するために，西中協議会は，具体的に「地域に根ざした学校づくり」「学校・家庭・地域の情報の共有化に関すること」「生徒指導上の諸問題に関すること」，そして「子どもの視線による学校づくり」「関係諸団体との連携」やその他に目的の実現のために必要な事柄について，協議・審議決定し，推進するものとして，その組織的役割が定められている（同4条・10条）。

　そのような目的の中でも「子どもの視線による学校づくり」は，西中協議会の最大の特色であり，それは鶴ヶ島市が期待する「学校協議会」の在り方といえるだろう。

　西中協議会の構成員については，次のように選出区分が規定されている。まず親・保護者や地域住民代表として，「西中学校真善美会」（ＰＴＡ歴代役員の会）や「青少年健全育成委員」及び「保護者」そして「民生児童委員」の各代表が定められている（同5条）。また，教職員代表とその他に「校長が委嘱した者」と定めている。そして，子ども（生徒）代表として「生徒会から選出された者」と定めており，西中協議会のメンバーとして「子ども」を明確に位置づけ，その参加を認めている。以上のように，協議会の目的や構成が定められる西中協議会は，学校（校長・教職員）と親・保護者や地域住民，そして「子ども」が，学校づくり＝学校運営に「参加」し，学校の意思形成・決定を共に行う組織ということができるだろう。

　その組織の実際上の運用にあたって次のように定められている。まず，その構成員の中から互選によって選ばれた「会長」「副会長」，そして教頭・教務主

任が担当する「幹事」などが，西中協議会「役員」として規定されている（同6条・7条）。それら「役員」の役割については，「会長」が協議会の代表として「会務を総括」し，会議の「招集」を行うとともに議長を務めるものとされ，また「副会長」は「会長に事故あるときはその職務を代理する」とされている（同8条・10条）。そして教職員が担当する「幹事」については「庶務にあたる」とその職務が示されている。また会議の招集開催については，「校長は必要に応じて，会長に会議の召集を求めることができる」と，校長にもその権限役割を与えている（同10条）。

「西中学校を支える会」の活動と展開　－学校協議会の実施運営の在り方

　前述のように規定される西中協議会は，実際にどのように実施運営されたのであろうか。そこで，2003（平成15）年度において，2004（平成16）年1月までに開催された4回にわたる西中協議会の取り組みを総括的に述べることにしたい。

協議委員の委嘱と構成

　第1回（2003年6月4日）の協議会では，まず校長が，前述の内規にもとづいた選出区分より事前に依頼した19名に対して，正式に協議委員の委嘱任命を行った。その内訳は，まず学校周辺の地域住民（地域在住者）代表として，地区自治会長，民生及び主任児童委員，真善美会長（歴代PTA会長）が各1名，健全育成委員（委員顧問・同校OB）2名，その他校長推薦による元PTA会員1名を合わせて7名が，また保護者（親・保護者）代表として現PTA会長1名の8名が委嘱された。そして教職員代表として4名（教頭，教務主任，特別活動・生徒会担当，生徒指導担当）が委嘱された。そして，「子ども」協議委員については，生徒会役員7名（生徒会長・副会長・書記等）が「生徒代表」として委嘱され，すなわち協議委員19名のうち7名が「子ども」委員となっている。[29] その協議委員19名のうち「子ども」協議委員7名という構成率は，他の学校協議会と比較して最も高いものとなっている。ちなみに，昨年

度の西中協議会における子ども委員は4名であり，今年度は3名増員したことになるが，これは「子ども主体の学校づくり」を強く意識している校長の配慮にもとづくものである。[30]

「子ども参加」の学校運営―「子ども主体の学校づくり」の在り方

「西中学校を支える会」は，「子ども主体の学校づくり」をその組織の目的に掲げている。そして，その目的の実現に向けて，校長が上記のように子ども協議委員の人数を増やしたり，おとな協議委員（司会を務める会長）が子ども協議委員に必ず発言する機会を与えるなどの具体的な配慮を通じて，子ども協議委員が協議会で活発に意見を表明し，おとな協議委員と協議した結果，具体的に実現した事柄が数多くある。

たとえば，2002（平成15）年度の協議会の活動では，男子体育着（短パン）及び女子制服の一部が改正・変更やトイレが修繕され，そして2003（平成15）年度には，通学用カバンの改正，地域へのベルマーク収集箱の設置，そして「学校・家庭・地域交流フェスティバル」（学校行事）における生徒会主催のバザーなどが，協議会における子ども協議委員の提案とそれにもとづく協議の結果，実現した。そのような具体的に結実した内容を見ると，子どもの学習環境である「学校」が，子どもの意思・要求の表明により具体的に改善され，まさに「子ども主体の学校づくり」が行われていることがうかがえるだろう。

そのような「子ども主体の学校づくり」が，具体的に結実したのはなぜだろうか。また，子ども協議委員が協議会で，活発に意見を表明することができたのはなぜだろうか。それはひとえに，校長とおとな協議委員の「子ども参加」に対する理解と，前述したような子ども協議委員の人数，そして発言の機会の付与などをはじめとする実施運営上の特別の配慮があったことが大きい。また，もうひとつ「子ども参加」の実施運営上の具体的な配慮をいえば，校長が，子ども協議委員に対して，事前に協議会の目的などを説明し，協議会で発言するよう促し，その発言する内容を考えてくる準備期間を与えていることである。そのような配慮によって，子ども協議委員は，協議会の開催までに，生徒会等

を通じて意思や要求の顕在化を図り，協議会に臨むわけである。たとえば，2003（平成15）年度の西中協議会では，子ども協議委員が，第1回の協議会（6月4日）の開催後から第2回の協議会（8月9日）の開催に至るまでに，生徒会を通じて，全校生徒にアンケート方式で通学用カバンの自由化やその他の校則等の見直しについて，意見や要求を聞いて，第2回の協議会で全ての協議委員に対して報告・説明を行いつつ意見表明を行った。[31] 以上のように，西中協議会の場合は，「子ども参加」に対する特別な配慮などを通じて，子どもが協議会で意見を表明することを支援しつつ，協議することによって，「子ども主体の学校づくり」が具体的に結実しているのである。

　そのような「子ども主体の学校づくり」の具現化は，子どもにとって，学校を改善し，自らの学習環境をよりよくするということの他に，そこで，協議会への「参加」や「意見表明」することの必要性を学びつつ，「参加」や「意見表明」への意欲や関心を高めていくという意義が見出される。そのことは，西中協議会に参加した子ども協議委員が，自らの提案が協議会を経て実現した後に，生徒会朝会など通じて「私たち生徒の声を理解してもらうためには，生徒が参加することが重要だと思う」[32]，「普段では言えないような意見が言えた」「自分に足りない力を伸ばすことができた（人と話す能力）」などと述べており，[33] また，おとな協議委員も「自分たちの意見を発表できたことにより，自分たちの学校生活を改善しようと言う気持ちが高まってきている」，「子どもたちは，教師や親・保護者以外の大人の前で話すことが少ないです。緊張するとは思いますが，子どもにとって自信につながる」と実感していることからも理解できるだろう。[34]

「情報の共有化」の学校協議会─「学校協議会」における情報提供と説明責任

　西中協議会の目的と推進事業のひとつは，「学校・家庭・地域の情報の共有化」である。そこで，協議会が「学校づくり」を目的とする組織であることから，学校運営の権限・責任者である校長は，学校づくりについての情報提供及び説明を協議委員に対して行っている。具体的に，第1回協議会では，校長が

自ら設定した当該年度の学校教育目標や学校経営方針と共に，西中協議会の組織的目的や位置づけについて，資料を配布した上で明確に説明を行っている。また，第1回の協議会以降は，前回の協議会で協議した事項について，その後どのように対処したか，また協議した事項で決定したものについてはその進捗状況などについて，校長が情報提供及び説明を行っている。つまり，校長には協議委員に対して，協議事前はもとより，協議中そして協議後にわたって，情報提供や説明を適宜行う必要があるだろう。

　それは，協議会の組織的意義－協議会がどのような組織であるか－について，協議委員に理解を求める上でも重要であり，また，それは協議委員にとっては自らの役割についての自覚を促すことや，そして協議会が有意義な組織であるかという認識，ひいては協議委員の協議会への主体的な参加意識とも密接に関わってくるものと考えられるだろう。それについて，他の学校協議会のある協議委員が「目的と結果の見えない協議を続けることは，負担以外の何物でもなく，貴重な時間を持ち寄って意味無く時間を費やすだけでは，協議会の存続自身が不要なものになりかねません」と苦言を呈していることからも考えられるだろう。[35]

　校長には，協議委員への情報提供・説明を通じて，協議会の組織的意義（目的や成果）を明確にし，協議委員に理解を求めていくことが必要である。そのためには，校長自身が協議会の設置に際して，その組織的役割や学校運営上の位置づけなどについて予め決めて明確にしておかなければならない。西中協議会の場合は，校長が第1回会議において，協議会の組織的役割などを「協議委員の意見はできるだけ目に見えるかたちで実現したい」「（協議委員は）責任をもって発言してほしい」などと説明し，協議会が学校運営の組織であり，学校づくりに結実する可能性が高い組織であることを明確な説明を行っている。

　そのような協議会における説明・情報提供の責任は，校長だけに課せられるものではないだろう。校長から一方通行的な情報提供・説明だけでは，学校に関する情報は共有化できたとしても，家庭や地域に関する情報の共有化は図る

ことができない。つまり，学校・家庭・地域の連携やその三者の情報の共有化を図るためには，学校から家庭・地域へというベクトルの向きだけではなく，家庭から学校へ，地域から学校へなど三者相互の情報提供や説明が必要であり，協議委員はそのような役割を担っているものと考えられる。また，真の「学校・家庭・地域の連携及び情報の共有化」のためには，校長と協議委員だけでの情報の共有化だけでとどまらず，より広い人々へのその三者の情報の共有化が図られるべく具体的な方策が必要だろう。たとえば，西中協議会の場合は，協議会の存在や活動について，より広い人々の認知と理解を求めるために，毎回の協議会開催後に『学校協議会だより』や協議会共催の学校行事等のお知らせを発行し自治会の協力を得て地域に回覧したり，校長が保護者会等を通じて報告したりしている。

「子ども・学校・家庭・地域」をつなぐ協議会

　西中協議会は，前述したように，子どもを含めた学校・地域・家庭などの代表者（＝協議委員）によって構成され，それぞれが情報を提供・共有しつつ，学校づくりについて協議を行うことを通じて，関係を深めながら，協議した事項が学校づくりに着実に反映されている。また，西中協議会は，協議会という協議（＝意思形成及び実質的決定）にとどまらず，協議委員以外の子どもや学校・地域・家庭が協働する活動へと広がりを見せている点は注目される。その例が，西中学校で開催されている「学校・家庭・地域交流フェスティバル」である。これは，「子ども達に，保護者，地域と多く関わりを持たせ幅広い体験をつませ」，「地域・家庭が学校を支え，学校が地域・家庭を支えるような」学校をつくることを目的として，学校・家庭・地域が共につくりあげる学校行事である。[36] そこで，学校協議会もその企画・実施・評価段階に関わり，開催主体として位置づけられているのである。それはまさに，西中協議会が，学校づくりに深く関わり，学校・家庭・地域，子どもとおとな，そして子ども同士・おとな同士の人間関係の橋渡しの機会としての役割を担っていることを示すものである。

鶴ヶ島の「学校協議会」のように，子ども，親・保護者，地域住民そして教職員が，学校運営へ参加し，学校づくりを協力して行っていくスタイルは，学校評議員制度の普及と，子どもの権利を保障する条例制定など今日展開されている自治体の教育政策の動向とが相まって，今後増えていくことが十分に考えられるだろう。そして，そのような「開かれた学校づくり」は，ここで紹介した鶴ヶ島の西中協議会のように，校長のリーダーシップとその組織の具体的な実施運営の在り方次第で，学校・家庭・地域の関係を深めつつ，子どもの学習・教育活動に多様な恩恵をもたらすものと考えられよう。

　そのためには，上記の西中協議会の取り組みにみるように，子どもを含めて親・保護者や地域住民，教職員が，学校づくりに自由に意見を表明でき，その意見が着実に反映することができるような組織上，実施運営上の条件を整備することが必要だろう。また，その際には，参加型学校運営組織に参加する成員－子ども，親・保護者，地域住民，そして校長及び教職員－のそれぞれが自らの意思や要求を自由に表明し，それぞれがそれを真摯に受容し応えていくという相互作用性・双方向性を尊重しつつ，具体的な実施運営上の在り方を模索していくことが重要である。

註
（1）増森幸八郎・平井教子「鶴ヶ島市のまちづくりと教育改革」，『教育』2001年5月号 No.664，国土社，25ページ参照のこと。
（2）同上　25-26ページ参照のこと。
（3）「開かれた学校づくりの推進について（通知）」，『鶴ヶ島市学校協議会の概要』2002年7月版，鶴ヶ島市教育委員会
（4）中央教育審議会答申『21世紀を展望した我が国の教育の在り方について』（1996年7月）『今後の地方教育行政の在り方について』（1998年9月）を参照。
（5）増森幸八郎・平井教子，前傾論文，26-28ページ
（6）「開かれた学校づくりの推進について（通知）」，『鶴ヶ島市学校協議会の概要』2002年7月版，鶴ヶ島市教育委員会 27-28ページ参照のこと。
（7）教育審議会は，鶴ヶ島らしさのある教育をすすめるために2000（平成12）年4月に条例設置された機関で，教育行政への市民参画制度である。その教育審議会の理念には，「①子どもの権利条

約や憲法、教育基本法の理念に則った教育改革を行なう②鶴ヶ島らしさのある人づくりまちづくりを推進する③少子・高齢化、国際化などの社会の変化に対応した教育の創造と教育の公共性及び公的保障を大切にした新しい仕組みづくりをする④地域の教育力を高め、地域に開かれた学校づくりをすすめる⑤教育への市民参画を保障する」という5項目が掲げられている。

(8)「開かれた学校づくりの推進について（通知）」、『鶴ヶ島市学校協議会の概要』2002年7月版、鶴ヶ島市教育委員会、1-2ページ

(9)「○○○学校協議会の設置について」、『鶴ヶ島市学校協議会の概要』2002年7月版、鶴ヶ島市教育委員会、pp.2-3「1　本市の教育改革の方針」参照のこと。

(10) 増森幸八郎・平井教子「鶴ヶ島市のまちづくりと教育改革」、『教育』2001年5月号 No.664、国土社、30ページ参照。

(11) 増森幸八郎「鶴ヶ島市における子ども参加と『開かれた教育』」子どもの権利条約総合研究所編『子どもの権利研究』（2号）日本評論社、31ページ

(12)「○○○学校協議会の設置について」、『鶴ヶ島市学校協議会の概要』2002年7月版、鶴ヶ島市教育委員会、2-3ページ「3　開かれた学校づくりの具体的方針」参照のこと。

(13) 同上。

(14) 増森幸八郎・平井教子、前掲書、28ページ参照。

(15) 増森幸八郎・平井教子「鶴ヶ島市のまちづくりと教育改革」、『教育』2001年5月号 No.664、国土社、29ページ参照。

(16) 2001（平成12）年2月23日　松崎頼行教育長へのインタビューより。

(17) 同上を参照のこと。

(18)「学校協議会設置指針」、『鶴ヶ島市学校協議会の概要』2002年7月版、鶴ヶ島市教育委員会、3-4ページ参照のこと。

(19) 2001（平成12）年1月22日、文部事務次官通知『学校教育法施行規則等の一部を改正する省令の施行について』の「留意事項」における学校評議員関係より。

(20)「学校教育法施行規則等の一部改正について（学校評議員関係）」、『教育委員会月報』2001（平成12）年2月号、文部省地方課編、16ページ参照のこと。

(21) 鶴ヶ島市教育委員会『鶴ヶ島市学校協議会の概要』(No.4) 2003年、9-29ページ

(22) 同上を参照のこと。

(23)「学校協議会　各校の取り組み状況について」、『鶴ヶ島市学校協議会の概要』2000年度版、鶴ヶ島市教育委員会、10ページ

(24)「学校協議会　各校の取り組み状況について」、『鶴ヶ島市学校協議会の概要』No. 2-4、2001～2003年、鶴ヶ島市教育委員会

(25) 増森・平井、前傾論文、28ページ

(26) 鶴ヶ島市は、教育審議会を中心に、各学校の学校協議会の協議委員が一同に会して、各協議会の活動について情報交換し、学校協議会の存在意義や子ども参加の必要性に関する認識を高める機会

を設けている。
(27) 西中学校の学校協議会は設置当初「西中を語る会」であったが、その後、有田校長の赴任を受けて、2002（平成14）年6月14日に「西中学校学校協議会規約」を改正し、「西中学校を支える会」と名称変更などが行われ現在に至っている。
(28) 鶴ヶ島市教育委員会『鶴ヶ島市学校協議会の概要』（No.4）2003年，26-27ページ
(29) 西中学校『平成15年度　第1回学校協議会』（協議委員配布資料）2003年6月，6ページ
(30) 有田修校長への面接調査より（2003年6月4日）
(31) 西中学校『平成15年度　第1回学校協議会』（協議委員配布資料）2003年8月　を参照。
(32) 鶴ヶ島市教育委員会編集・発行『つるがしまの教育』（No.106）2002年10月，8ページ及び増森幸八郎教育次長へのインタビュー（2002年11月）
(33) 西中学校「3年生学校協議委員へのアンケート結果」『平成15年度　第4回学校協議会』（協議委員配布資料）2004年1月，7ページ
(34) 鶴ヶ島市教育委員会編集・発行『つるがしまの教育』（No.106）2002年10月，p8
(35) 長谷川清（鶴ヶ島市栄小・学校協議会協議委員）「鶴ヶ島市の学校協議会について」教育科学研究会編『教育』国土社，2001年5月，36ページ
(36) 西中学校「平成15年度　学校・家庭・地域交流フェスティバル」『平成15年度　第4回学校協議会』（協議委員配布資料）2004年1月，3-4ページ

（堀井　雅道）

III 学校評議員制度の現状と参加の課題

(写真)
埼玉県鶴ヶ島市立西中学校「学校協議会」風景

学校評議員（もしくは類似）制度の実施状況と課題

　2000（平成12）年1月に学校教育法施行規則が一部改正され，学校評議員制度を設置することが可能となり，保護者や地域住民の学校運営参加が制度化されることとなった。2000（平成12）年10月に文部科学省が，すべての都道府県・市町村教育委員会を対象に実施した調査『学校評議員及びその類似制度の設置状況』によると，都道府県レベルでは，群馬県・岐阜県・三重県・滋賀県・大分県で学校評議員制度が，高知県で保護者や地域住民に加えて子どもも参加する，学校評議員類似制度が全校実施されている。その後，2001（平成13）年4月1日現在の同調査によると，あらたに東京都，長崎県，沖縄県で，学校評議員制度が全校実施されている。

　明治以来，日本における学校運営は，専門職自治の領域であった。学校運営の専門職自治は，対教育行政とのいい意味での緊張関係を確保する制度的条件となっていた反面，「専門性」に内在しがちな「閉鎖的な姿勢」のために，時に，地域住民や保護者，あるいは子どもたちが，学校や教師に距離感や違和感を覚える要因ともなっていった。

　そのような中で今回制度化されることとなった学校評議員制度は，

❶「開かれた学校づくり」を推進していく施策として，地域住民・保護者の学校運営参加を求めていること。[1]

❷「学校評議員」が，「校長の推薦により，当該小学校の設置者が委嘱する」こととされ，[2] 委嘱者である教育委員会主導の制度には違いないものの，文部科学省も「通

知」の中で，地域や学校の実情を重んじ，柔軟な対応を求めてきたこと。
❸規則上も，「学校評議員を置くことができる」[3]との任意規定となっており，現実に未設置，あるいは，委嘱することを想定されていない子どもを委員に含むような「類似制度」を含めて，地域，学校の独自の判断，あるいは学校独特の仕組みで代替されることについて許容してきたこと。

以上3点から，閉鎖性とそれによる弊害が指摘されてきた学校運営が，学校評議員（もしくは類似）制度の導入により，保護者・地域住民，場合によっては子どもに開かれることとなった。日本の公教育法制史上初の「開かれた学校運営」の道筋がつけられ，定期的な意見交換の場が設定されたことにより，学校と保護者や地域住民あるいは子どもとの「関係不全」の解消あるいは改善が期待されているといえる。

このような認識のもと，第3部では，第一に，学校評議員（もしくは類似）制度の実施状況を「学校評議員（もしくは類似）制度の設置状況に関するアンケート調査」[4]結果をもとに概観し，学校評議員（もしくは類似）制度の実効性を検討する。第二に，調査で収集した各学校独自の内規について，その概要を紹介する。

なお，アンケート調査の分析にあたっては，紙幅の都合上，アンケート調査項目の中からとくに，①学校評議員（もしくは類似委員）との協議内容と意見反映の具体例，②制度実施上の課題，に焦点をあてることとする。調査結果の全容については，2002年度末刊行の研究成果報告書を参照されたい。

A. 全体

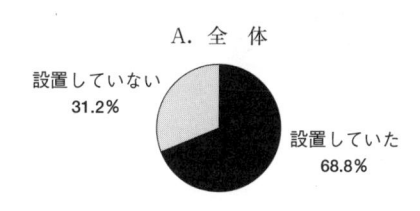

設置していない 31.2%
設置していた 68.8%

B. 学校別

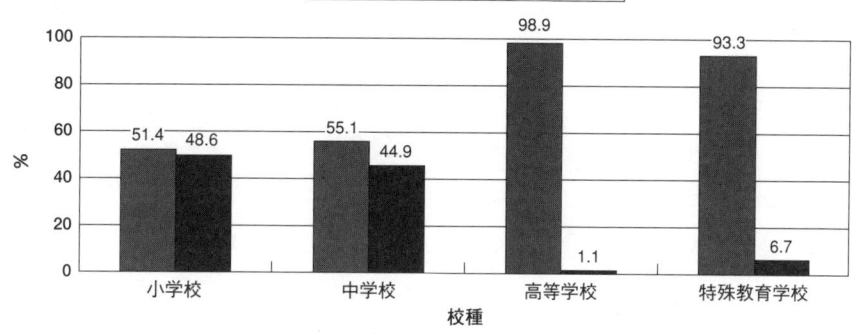

■ 設置していた　■ 設置していない

校種	設置していた	設置していない
小学校	51.4	48.6
中学校	55.1	44.9
高等学校	98.9	1.1
特殊教育学校	93.3	6.7

学校評議員（もしくは類似）制度の設置率に関しては，あくまでも，調査対象とした6県の全体，あるいは6県の小学校・中学校・高等学校・特殊教育学校ごとに集計した数値である。また，注意を要する点として，学校評議員（もしくは類似）制度を実施していない学校に調査票が渡った場合，調査票が返信されない可能性があることを考慮すると，設置していないとする回答は，回収されない調査票の中にかなりの割合で含まれることが考えられることから，設置率は高めに表れている可能性があることを付記しておく。

図1　学校評議員（もしくは類似）制度実施状況

1　学校評議員（もしくは類似）制度の実施状況

「貴校では平成12（2000）年度，学校評議員（もしくは類似のしくみ）を設置していましたか。」という設問に対して，全体で68.8％が「設置していた」と回答した。[5] 以下の学校評議員（もしくは類似）制度の実施状況の検討については，「設置していた」と回答している68.8％の学校についてのものである。

学校評議員（もしくは類似委員）との協議内容と意見反映の具体例

　学校評議員（もしくは類似委員）と，具体的にどのような内容について話し合い，出された意見を実際に反映したのか。この点を検討するために，2つの設問〔1〕「どのような事柄について話し合っていますか。（選択肢を用意─複数回答可）」[6]〔2〕「学校評議員（もしくは類似委員）から出された意見が学校運営に反映されていると思う場合，反映されていると思う具体例について（自由記述）」を設定した。その結果，以下の5つの内容を挙げる回答が多かった。（図2を参照のこと）

(a) 「学校目標・教育計画」「学校運営一般」「学校行事」について　「学校目標・教育計画」「学校運営一般」「学校行事」が，小・中・高・特殊教育学校を合わせた全体で，回答の多い上位3項目であった。[7]これらはどれも，制度の導入にあたって，行政が学校評議員（もしくは類似委員）の意見を期待する内容として例示していたものである。

　そして，上記3項目の中で，とくに「学校行事」については，学校評議員（もしくは類似委員）の意見反映の具体例として，「学校行事（運動会，文化祭，講座，講演会等）の地域住民への公開」「地域の諸行事に学校（子ども）が参加する」といった記述が，地域・校種を問わず，多数見受けられた。「学校行事」に関する意見反映は，比較的実行に移しやすいようである。

(b) 「総合学習」について　協議項目に「総合学習」と回答している学校は，全体で33.6％，とくに小学校では53.6％，中学校では48.1％であった。

　意見反映の具体例としては，「校区の伝統文化に関しての学習（総合的な学習の時間）」（岐阜県小学校）のように，「総合的な学習の推進についての情報収集」「総合学習での地域人材の発掘と教材化」をあげる学校が多数見受けられた。

(c) 「児童・生徒指導」について　協議項目に「児童・生徒指導」と回答している学校は，全体で46.9％，小学校で42.2％，中学校で64.2％，高等学

校で 46.5％，特殊教育学校で 30.4％であった。

　意見反映の具体例としては，「不登校の生徒の家庭状況について情報交換ができ，生徒指導に生かす事ができた」（群馬県中学校），「地域での子どもの姿の交流が指導へ生きる」（岐阜県小学校），「地域での子どもたちの様子について意見を聞き生活指導等に役立てている」（三重県中学校），「地域の目として，児童の登校の様子や遊びなどが話し合われるので，学校職員・生活部の検討材料として反映する」（群馬県小学校），「児童が家にいる時の行動についての情報を，職員に伝え，指導に生かす」（群馬県小学校），「社会的自立を促す進路指導の考え方に生かす」（群馬県高等学校），「家庭的に配慮を要する児童についての共通理解をはかり，民生委員さんへ働きかける」（岐阜県小学校）というように，学校が，家庭あるいは地域とともに子どもの成長を支えるべく，学校評議員（もしくは類似委員）が積極的に活用されている。[8]

　付け加えて特徴的なのが，特殊教育学校の回答である。特殊教育学校の場合，「障がい者の就職支援」「職場開拓を含む進路指導」（滋賀県特殊教育学校等）といった回答が多く見られる。特殊教育学校では，とくに，障がいをもつ子どもの就職支援・進路指導について，学校評議員（もしくは類似委員）の意見が聞かれ，反映されていると同時に，これらについて，学校現場が地域に協力・支援を要請している。学校側のニーズがうかがえるところであるといえよう。

(d)「青少年健全育成」について　学校評議員（もしくは類似委員）との協議項目に「青少年健全育成」と回答している学校は，全体で54％，小学校で 60.9％，中学校で 60.4％，高等学校で 52.3％，特殊教育学校で 23.2％であった。

　意見反映の具体例としては，「挨拶やマナー指導に関して，外部からも期待」（三重県中学校），「校外における登下校指導の充実」（群馬県中学校），「ボランティア活動等での地域の方との連携」（大分県高等学校）などがあ

げられている。

(e)「子どもの安全確保」について　設問〔1〕の選択肢には項目を設定していなかったものの，設問〔2〕の学校評議員（もしくは類似委員）の意見反映の具体例への自由記述回答で，6県すべてに見られたのが，「子どもの安全確保」に関するものである。主に，「登校下校時の不審者への対応相談」（三重県中学校），「児童の安全確保にかかわる学校の体制づくりや地域ボランティアの協力によるパトロール」（滋賀県小学校），「登下校の安全」（群馬県中学校），「安全確保のための取り組みへの地域の協力依頼」（滋賀県小学校）等があげられている。[9]

以上の（a）〜（e）が，学校現場が学校評議員（もしくは類似委員）の意見を積極的に活用し，学校運営に反映させている項目の中で多く見られるものである。これらの項目は，学校現場が，保護者や地域住民（場合によっては子ども）の協力・支援を，積極的に要請している項目であると見ることができる。学校現場では，以上のような項目に関して，学校評議員（もしくは類似委員）と協議し，学校運営に意見を反映させている。

また反対に，設問〔1〕のアンケート結果で，小・中・高・特殊教育学校を合わせた全体において，協議内容として挙げられた項目のうち，数値の低いものは，「教職員人事」―1.3％，「懲戒・学校規律」―2.8％，「学校予算」―5.1％，「校則問題」―11.3％，[10]「教育評価」―13.7％であった。これらについては，学校評議員（もしくは類似委員）との協議の際に，あまり議題に上っていない実像がうかがえる。協議時間の制約もあるため，この結果のみをもって，学校側がこれらの内容について，学校評議員（もしくは類似委員）と協議することを避けている，あるいはそもそも協議する内容とみなしていない，といった姿勢があるのかどうかは推し量れない。項目内容によっては，教育行政の権限に属するものもあるので，協議内容としてそもそも想定されていないも

A．全体―複数回答　　■協議項目

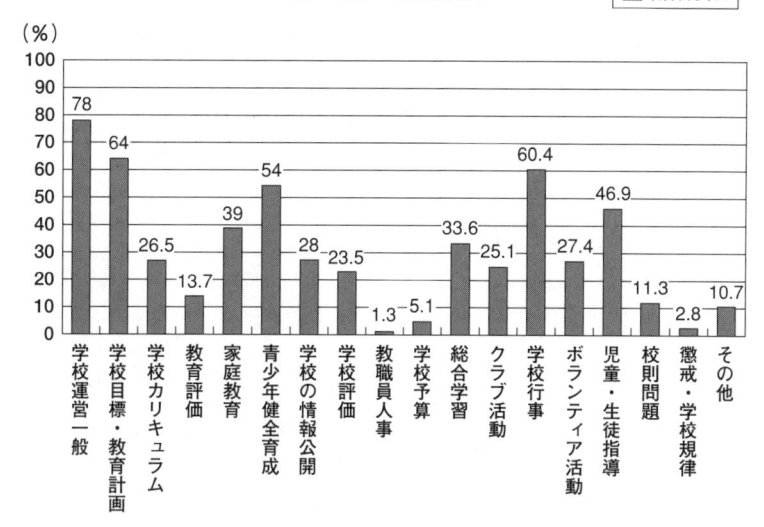

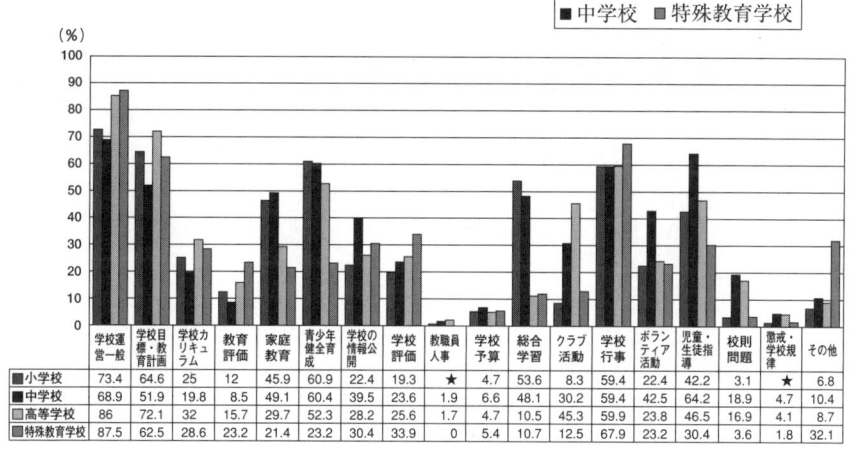

項目	%
学校運営一般	78
学校目標・教育計画	64
学校カリキュラム	26.5
教育評価	13.7
家庭教育	39
青少年健全育成	54
学校の情報公開	28
学校評価	23.5
教職員人事	1.3
学校予算	5.1
総合学習	33.6
クラブ活動	25.1
学校行事	60.4
ボランティア活動	27.4
児童・生徒指導	46.9
校則問題	11.3
懲戒・学校規律	2.8
その他	10.7

B．校種別―複数回答

	学校運営一般	学校目標・教育計画	学校カリキュラム	教育評価	家庭教育	青少年健全育成	学校の情報公開	学校評価	教職員人事	学校予算	総合学習	クラブ活動	学校行事	ボランティア活動	児童・生徒指導	校則問題	懲戒・学校規律	その他
小学校	73.4	64.6	25	12	45.9	60.9	22.4	19.3	★	4.7	53.6	8.3	59.4	22.4	42.2	3.1	★	6.8
中学校	68.9	51.9	19.8	8.5	49.1	60.4	39.5	23.6	1.9	6.6	48.1	30.2	59.4	42.5	64.2	18.9	4.7	10.4
高等学校	86	72.1	32	15.7	29.7	52.3	28.2	25.6	1.7	4.7	10.5	45.3	59.9	23.8	45.8	16.9	4.1	8.7
特殊教育学校	87.5	62.5	28.6	23.2	21.4	23.2	30.4	33.9	0	5.4	10.7	12.5	67.9	22.8	30.4	3.6	1.8	32.1

図2　学校評議員（もしくは類似委員）との協議項目

のもあろう。これらについては，今後，低い数値になった要因を追跡調査する必要がある。

学校評議員（もしくは類似）制度の必要性に関する学校現場の意識

　学校評議員（もしくは類似）制度の必要性について尋ねた設問で，「ぜひ必要」(9.8％)「あったほうがよい」(50.9％) と回答したのは，合わせて全体の60.7％であった。[11] 学校現場では約6割が，学校評議員（もしくは類似）制度に必要性を感じていることがわかる。

　必要性を感じる理由については，学校評議員（もしくは類似）制度全般についての自由記述の中に見出せる。「評議員は教育のプロではないので，また教育現場には不案内な方が多いので，直接有効となる示唆や助言を得られるわけではない。しかしそのことがかえって新鮮な眼で学校の問題を指摘してもらえることにもなる」(滋賀県高等学校)，「教員には見えない視点からの指摘はありがたい。ついつい日常の中で見失っていることを知らせてくれる」(大分県高等学校)。このように，専門職意識を前提としつつも，専門家とは違う視点からの意見を新鮮と受け止め，それらの意見に一定の意義を見出し，学校現場からはなかなか気づきにくい点を補完する役割を果たしうるものとして，学校評議員（もしくは類似）制度に必要性を感じているといえる。

　学校評議員（もしくは類似）制度の設置が可能となり，「開かれた学校づくり」を推進し，保護者や地域住民（場合によっては子ども）の意見を学校運営に反映させることが可能となってきている中で，学校現場では実際にどのように実施されているのかを，主に協議内容と意見反映の具体例，必要性に関する学校現場の意識を中心に検討してきた。その結果，前述の (a) 〜 (e) にあげたような内容について，学校側もその必要性から，学校評議員（もしくは類似委員）と協議し，意見を反映させていることが明らかになった。以上から，学校評議員（もしくは類似）制度は，学校現場に必要とされ，受け入れられてい

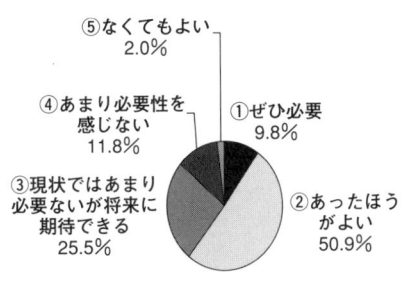

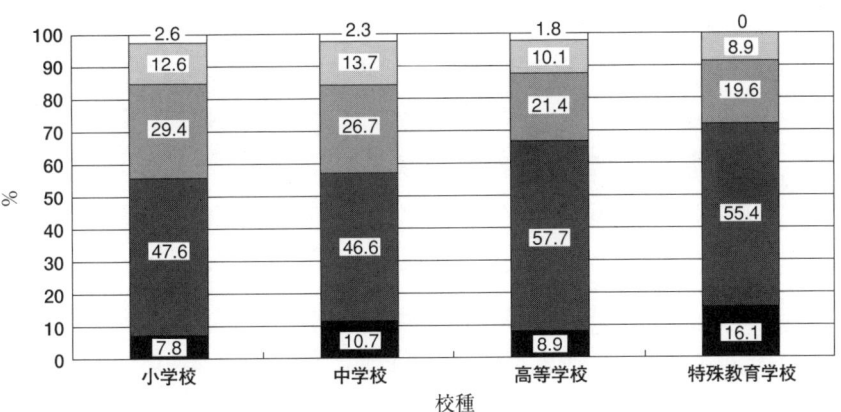

A．全体

- ⑤なくてもよい 2.0%
- ④あまり必要性を感じない 11.8%
- ③現状ではあまり必要ないが将来に期待できる 25.5%
- ①ぜひ必要 9.8%
- ②あったほうがよい 50.9%

B．校種別

校種	①ぜひ必要	②あったほうがよい	③現状ではあまり必要ないが将来に期待できる	④あまり必要性を感じない	⑤なくてもよい
小学校	7.8	47.6	29.4	12.6	2.6
中学校	10.7	46.6	26.7	13.7	2.3
高等学校	8.9	57.7	21.4	10.1	1.8
特殊教育学校	16.1	55.4	19.6	8.9	0

図3 学校評議員（もしくは類似）制度の必要性について

く方向にあると見ることができよう。

2 学校評議員（もしくは類似）制度の実施上の課題

　学校評議員（もしくは類似）制度を実際に組織・運営していく過程で，学校現場が直面する課題は少なくない。アンケートで「学校評議員（もしくは類似）制度の設置・運営上の問題・課題」を自由に記述してもらったところ，以下のような課題が多くあげられた。

I　守秘義務規定の欠如とそれにともなう協議内容の制限

　　学校評議員（もしくは類似委員）と協議するにあたって，「学校の秘密がもれるかもしれない」（群馬県小学校）と懸念を抱く回答が多く見られた。「生徒指導面で非常に困難な状況があるが，プライバシー等の関係で外部（会議）の協力が得られず実効性がない」（滋賀県中学校），「どの辺まで話題にしていいのかわからない」（群馬県中学校）というように，守秘義務規定が設けられていないがために，情報の漏洩を危惧するあまり協議する内容が制限され，結果的に有効な協議をすることができない場合がある現状が見て取れる。

　　今回の調査で収集することができた岐阜県の小・中・高・特殊教育学校合わせて52校の内規を比較検討してみると，「職務で知りえた情報についてその職を退いたあとも秘密をもらしてはならない」といった守秘義務規定を設けているところは22校であり，半数以下であった。

　　学校現場と学校評議員（もしくは類似委員）が有効な協議を行う上では，学校外に漏らしてはならない情報や個人のプライバシーに関わる情報の提供を行う必要性が生じることも十分ありうる。このような事態を改善し，より有効な協議が可能となるように，守秘義務規定を設け，それを周知徹底させる必要があろう。

Ⅱ 予算の不足

　学校評議員（もしくは類似）制度を設置・運営するにあたっては，当然のことながら経費がかかるが，国による財政支援はない。ゆえに，どれほどの予算をこの制度に充てるかは，学校現場や教育委員会に任されているのが実情である。

　予算が必要な費目としては，主に以下のようなものがあげられた。

(a) 委員への謝金

　学校評議員（もしくは類似委員）への謝金に関しては以下のような回答が見られた。「予算措置が全くなく，評議員は完全にボランティアでやっている」（群馬県高等学校，三重県中学校）。また謝金を出す場合でも，「年間1万2000円」（滋賀県高等学校），「年間9000円」（大分県小・中・高・特殊学校）など，金額はまちまちである。

(b) 会議開催にあたっての諸費用

　実際に会議を開催するにあたっての諸費用に関しては，「お茶ひとつだせない。現在は私費」（滋賀県中学校），「校長のポケットマネー」（三重県高等学校）といったような回答があった。

(c) 提案事項の実行経費

　「よい案があっても予算の関係で実現できない」（岐阜県高等学校等）というように，委員との協議の中で提案された内容が，予算不足で実行に移せず，協議の実効性が失われる場合がある点が指摘されている。

　学校評議員（もしくは類似）制度の導入後，制度が学校運営に対して今後どれだけの役割を果たしていけるのか，予算不足の問題は，制度の将来とも関わる重要な課題であるといえる。

学校評議員（もしくは類似）制度の位置づけの曖昧さ

　Ⅰ，Ⅱの項にあげた2つの課題が生じる原因となる問題は，学校における，学校評議員（もしくは類似）制度の位置づけの曖昧さであろう。

　自由記述で数多くあげられたのが，「既存の組織との区別が難しい」という点であった。既存の組織としては，ＰＴＡ・地区懇談会・地域教育推進会議・

児童民生委員協議会・福祉協議会・スポーツ少年団・子ども会・警察連絡協議会などが挙げられている。中でもとくにＰＴＡとの区別に関する記述で、新たな制度を設置せずとも「ＰＴＡなどの既存の組織でこと足りる」といった内容の回答が多く見受けられた。

　以上のように、本来位置づけとしては学校外の組織であるＰＴＡのような社会教育団体と、学校評議員（もしくは類似）制度が、学校現場で明確に区別されていないことから、学校現場は、学校評議員（もしくは類似）制度を、学校内部の組織と明確に認識していない現状がうかがえる。学校内部の組織として位置づけられていないために、前述のⅠやⅡのような課題が生じることになると考えられる。

Ⅲ　学校評議員（もしくは類似）制度の実効性の検討
　　―学校評議員（もしくは類似）制度の原理と学校現場の意識の乖離の問題―

　　以上、学校現場では実際にどのように学校評議員（もしくは類似）制度が実施され、どのような課題が生じているのかを見てきた。以下に要点をまとめた上で、とくに制度の実効性の観点から検討を加えたい。

　　学校現場は、主に、「学校目標・教育計画」「学校運営一般」「学校行事」、「総合学習」、「児童・生徒指導」、「青少年健全育成」、「子どもの安全確保」について、学校評議員（もしくは類似委員）と実際に協議し、そこでの意見を学校運営に反映させている。これらはどれも、地域との密接なつながりを重視しながら実施されることが期待されているものであり、学校現場が、委員と協議する必要性を感じ、学校外の意見を取り入れることに一定の意義を見出しているものであった。

　　しかし、学校評議員（もしくは類似委員）に、守秘義務規定が設けられていないために協議内容が制限されたり、予算不足のために協議の中で提案されたものを実行に移すことができなかったりと、制度の実効性に関わる課題がすでにあることもまた明らかになった。そしてこれらの課題の原因となる大きな問題として、学校評議員（もしくは類似）制度の位置づけ

が曖昧であることをあげた。

　本来，この制度は，旧・文部省（現・文部科学省）がいうように，「校長が学校運営に関し，学校外の意見を求めるためのものとして，学校の組織の一部として，制度上位置づけられるもの」[12]であり，既存の組織との区別が難しいとの回答の中で多くあげられていたPTAについては「学校及び家庭における教育の理解と振興や児童・生徒の学校外における生活の指導など様々な社会教育活動を行う学校組織とは別個に独立した，学校・家庭・地域をつなぐ社会教育団体」[13]であるとし，学校評議員とPTAを明確に区別している。

　すなわち，学校評議員（もしくは類似委員）は，PTAのような学校外の組織とは異なり，学校の内部組織として位置づけられ，学校評議員（もしくは類似）制度によって，学校運営への保護者・地域住民参加（場合によっては子ども参加）の道筋が，初めてつけられたという点で大きな意義がある。従来，専門職自治の領域であった学校運営が，初めて外へ開かれ，学校運営に関して意見を述べることができる委員を，学校内部組織として配置することが可能となったのである。

　しかし，学校現場にとっては，既存の組織との位置づけの区別や，学校評議員（もしくは類似）制度のもつ意義を理解するのが困難であることがうかがえた。行政が，制度のもつ意義を踏まえ，位置づけを明確に区別していても，学校現場が必ずしも同じように理解するとは限らない実態が明らかになった。

　行政が制度に期待するものと，制度を実施していく学校現場の意識の乖離の問題は，前述のIおよびIIにあげた制度の実効性に関わる課題と密接につながるものであり，早急に対策をたてるべきところである。制度原理と現場の意識の乖離の問題は，新しい制度を実施していく際に必ず直面する普遍的な課題であるともいえよう。

　今後，学校評議員（もしくは類似）制度が実効性を発揮し，地域住民・

保護者(場合によっては子ども)と共同の学校づくりを志向していくためには,解決すべき課題は多い。

学校評議員制度が法制化されてから2年余りが経過し,学校現場は,この制度に対して一定の必要性を感じ,実施していく方向性を示している現状が明らかになった。しかし同時に,制度原理と学校現場の制度に対する意識の乖離の問題とそれにともなう制度実施上の様々な課題が,制度の実効性と制度そのものの存在意義を脅かしかねない事態を招きうることもまた明らかになった。

そのような事態を回避するためにも,学校評議員(もしくは類似委員)の学校内部における位置づけを明確にした上で,守秘義務を明確に規定した内規を制定する,あるいは学校予算に学校評議員(もしくは類似委員)の実施にともなう必要経費を計上するなどの対策を講じ,制度の実効性を保っていかなければならない。学校評議員(もしくは類似)制度は,専門職自治の領域であった学校運営を開き,定期的な意見交換の場を設定することで,学校と保護者,地域住民,場合によっては子どもとの「関係不全」を改善することが期待できる制度である。「関係不全」が言われて久しい学校と保護者,地域住民,子どもとの「関係改善」のためにも,早急な課題の解決が望まれる。

学校評議員制度が法制化され,制度が実施されてきている現在は,学校運営への保護者,地域住民,子ども参加の形式面を整備することを目標とする段階から,制度の実効性,参加の実質を問う段階に,日本の参加レベルが進展してきているといえよう。

最後に,今回のアンケート調査結果からはうかがい知ることができなかった,①誰が協議内容を決めているか,②保護者,地域住民,子どもは,この制度に必要性を感じているか,といった点については,今後の研究課題としたい。また,調査自体の課題も多くある。[14] 今後これらの課題に取り組みながら,引き続き学校評議員(もしくは類似)制度の実施状況と課題を検討していきたい。

註
学校教育法施行規則第23条3-2項
学校教育法施行規則第23条3-3項
学校教育法施行規則第23条3-1項

　本調査は，文部科学省科学研究費補助金〔2000（平成12）年度～2001（平成13）年度〕による共同研究「地域における学校など教育形態の変容と教育関係の再生に関する研究」（基盤研究C-2，研究代表者─喜多明人〔早稲田大学〕）の一環で，2000年10月段階で，学校評議員（もしくは類似）制度を都道府県レベルで全校実施していた6県（群馬県・岐阜県・三重県・滋賀県・大分県・高知県）の小学校・中学校・高等学校・特殊教育学校校長を対象として実施した。調査対象校は，6県に所在する国公立学校から無作為抽出した。調査方法は郵送法とし，締切（2001年12月末）後に到着した調査票もすべて回収票として扱った。有効回収数は668，回収率44.9％であった。

　校種別に見ると，小学校─51.4％，中学校─55.1％，高等学校─98.9％，特殊教育学校─93.3％であった。なお，本稿の表1も参照されたい。

　設問〔1〕の選択肢は以下の通りである。①学校運営一般　②学校目標・教育計画　③学校カリキュラム　④教育評価　⑤家庭教育　⑥青少年健全育成　⑦学校の情報公開　⑧学校評価　⑨教職員人事　⑩学校予算　⑪総合学習　⑫クラブ活動　⑬学校行事　⑭ボランティア活動　⑮児童・生徒活動　⑯校則問題　⑰懲戒・学校規律　⑱その他）なお，本稿の図2も参照されたい。

　「学校目標・教育計画」（64.0％）「学校運営一般」（78.0％）「学校行事」（60.4％）なお，校種別の数値については，本稿の図2Bを参照のこと。

　ただし，学校評議員が地域の監視の役割を担うことになる可能性も考えられる。

　とくに本調査時期が，大阪教育大学教育学部附属池田小学校において発生した事件直後であったこともあり，子どもの安全確保が，学校にとって喫緊の問題となり，学校外での子どもの安全を確保するべく，地域に協力を要請したいという意識が，学校評議員（もしくは類似委員）との協議の際にも働いていると思われる。

　子どもを委員に含む，学校評議員類似制度を実施している高知県においては，「校則問題」を協議項目としてあげる割合が，他県に比して高い。小学校は6.3％と全体の割合よりも低い数値を示しているものの，中学校で62.5％，高等学校で38.5％，特殊教育学校で40.0％の学校で，「校則問題」について協議していると回答している。

　設問は以下の通り。「学校評議員（もしくは類似）制度の必要性についてお伺いします。①ぜひ必要　②あったほうがよい　③現状ではあまり必要ではないが将来に期待できる　④あまり必要性を感じない　⑤なくてもよい」　③については25.5％，④については11.8％，⑤については2.0％であった。本稿の図3も参照のこと。

　文部省初等中等教育局地方課「解説　学校評議員制度について」，『教育委員会月報』，平成12年4月号，35ページ，第一法規

　同上

本調査研究の今後の課題としては，以下の点が挙げられる。
①校長を対象としたアンケートであること。
（調査票はすべて学校長宛に送付した。それゆえ，ここに表れる調査結果は，すべて校長の意識，見方である。）
②調査対象地域を，前述の文部科学省が実施した調査で県教育委員会が全校設置していると回答した6県に設定していること。
　（全国を対象としたアンケート調査ではないため，あくまでも本アンケート調査から解釈できるのは，この6県についての学校評議員（あるいは類似）制度の実施状況である。）
　これらの点については，さらなる追跡調査を実施する必要がある。本調査研究の今後の課題である。

（喜多明人・山西優二・沖清豪・内田塔子・安部芳絵・金炯旭
・角拓哉・米村潤史・村山大介・大日方真史・堀井雅道）

学校評議員（もしくは類似）の学校慣習法的発展の可能性

□　学校評議員制度の地域・学校慣習法的な展開

　学校現場が学校評議員（もしくは類似）制度を導入していく上で，学校や地域の実情に合った独自の仕組みを考案している事例がアンケート結果に多く見受けられる。ここでは，主に組織面に焦点を当てて，学校評議員（もしくは類似）制度の多様な導入例を紹介し，いわばその学校慣習法的な展開をみておきたい。

1　定員数―少ないところでは定員2名，多いところでは定員32名

　学校評議員（もしくは類似委員）の定員に関しては，5名前後とする学校が，地域・校種の別を問わず多い中で，岐阜県小学校では，最小で定員3名とする学校から最大で定員21名とする学校まで幅広く見受けられる。同様に，岐阜県中学校では3名～32名まで，滋賀県小学校では4名～20名，滋賀県中学校では5名～20名まで，高知県小学校では10名～26名まで，高知県中学校で

は2名〜30名まで，高知県高等学校では12名〜30名まで，高知県特殊教育学校では12名〜26名までと，これらの地域では，定員数の設定が各学校によって様々であった。

2 会議の構成メンバー―教職員の参加―

学校評議員制度は，そもそも保護者や地域住民の意見聴取を目的とするものであって，教職員の参加は年頭に置かれていない。ところが，学校評議員（もしくは類似委員）に意見を聞く際，会議の構成メンバーに教職員等も含めた会議を開催している学校が少なくなかった。その割合は，岐阜県特殊教育学校20.0％，三重県小学校17.9％，三重県中学校40.0％，大分県中学校50.0％，高知県小学校50.0％，高知県中学校28.6％，高知県高等学校76.9％，高知県特殊教育学校66.7％であった。特に岐阜県では，「事務局として，教頭・教務主任が参加する」として学校職員の出席を定める内規を定めている小学校（「御嵩町立上之郷超学校学校評議員会設置要綱」第7条2参照。），あるいは「学校側からオブザーバーとして校長，教頭，事務長，教諭（教務主任，生徒指導主事，進路指導主事，工業部部長等）が出席できる」という内規を定めている高等学校（「岐阜県立可児工業高等学校評議員設置要綱」2（6）参照。）があった。

3 学校運営・組織上の位置づけ

学校運営・組織上の位置づけとしてあげられていた回答（自由記述）で多かったのは，「各種委員会の1つ」である。その他では「職員会議と同列」「校長直属の諮問機関・参考機関」「PTAと同様の外部団体」「学校を支援する外部組織」「学校部外者による学校評価組織」といった回答もあった。また，学校評議員（もしくは類似）制度を実際に運営していく上での事務作業を担当する箇所を上げている回答も目立った。具体的には公務文章の事務活動の中で「総

務」「教務」「渉外」に位置づけているとする回答が多かった。以上のような様々な回答が見受けられるところから，学校運営・組織上の位置づけが曖昧で，回答に苦慮する様子がうかがえる。

4　独自の内規

　学校評議員（もしくは類似）制度に関する独自の内規を定めていると回答した学校は，全体の42.2%であり，特に小学校で51.5%，中学校で60.2%の学校が独自の内規を定めていると回答している。逆に高等学校では24.4%，特殊教育学校では31.6%と，学校独自の内規を定めていると回答する割合は低い。

　このような中，岐阜県小学校で80.0%，中学校で86.4%，高等学校で68.8%，特殊教育学校で58.3%の学校が独自の内規を定めていると回答しており，岐阜県では各学校で独自の内規を定めている学校が多かった（岐阜県について，収集できた内規を比較検討した結果，各学校で内規の形式が異なっており，各学校で独自に内規を考案し定めているようであった。）。また類似制度を設置する高知県でも，小学校で63.2%，中学校で100%，高等学校で84.6%，特殊教育学校で100%と，独自の内規を定めていると回答する学校が校種を問わず多かった。（次節　参照）

〔表〕学校評議員（もしくは類似の委員）の会議の名称
(※回答のあったもののみ)

A　群　馬

小学校	学校評議員会（9），学校評議員，学校評議員会議，評議員会議，評議員会，地域・学校協力者会議，片岡小学校評議員
中学校	学校評議員会（7），学校評議委員会，高崎市立高松中学校評議員会，岩島中学校評議員会，〇〇中学校評議員会議
高校	学校評議員会（28），評議員会（3），評議委員会（2），学校評議委員会，平成12年度学校評議員会，群馬県立板倉高等学校評議員会，中之条高等学校評議員会，吉井高校学校評議員会，沼田高等学校評議員会
特殊教育学校	学校評議員会（7），群馬県立榛名養護学校学校評議員会，群馬県立盲学校評議員会，県立前橋高等養護学校評議員会

B 岐　阜

小学校	東白川村学校評議員会, 学校評議員会 (26), ○○小学校評議員会 (4), 評議員会, 評議員懇談会, 学校運営懇談会, 学校教育懇談会, 学校懇話会, 学校評議員の会, 学校評議委員, 南小学校評議員会, 「まごころサポーター会」（評議員の会）, 健やかな子を育てる会, 一色小学校評議員会, 小川小学校評議員会, 藤原第一小学校学校評議員会, 田原っ子いきいきフォーラム, 東小がやがや会議, 倉知小の子供を見守る会, 那比っ子を育てる会, 山岡小学校評議員会, 上原小学校評議員の会, 栃尾小・中学校評議員会, 中島小学校懇話会, 学校評議員会「学校と子ども達について語る会」, 那留小学校学校協力者会, 下原小学校の教育を語る会, 加納未来を拓く会, 健やかな子を育てる会, 大垣市立西小学校評議員会, 昭和小学校学校評議員会
中学校	学校評議員会 (18), 評議員会 (3), 学校評議員の会 (3), 学校懇話会 (2), 中学校評議員会, 教育懇談会, 地区学校評議員会, 研修委員会, 和良中フォーラム, 西中学校学校運営協議会, 富野地区の子どもを育てる会, 藤橋小中学校評議員, 白川中学校学校評議員会, 東安中学校評議員会, 根尾中学校学校評議員会, 美濃中子育てネットワーク学校評議員会, たくましい子を育てる会, 河合村教育モニター会議
高　校	学校評議員会 (18), 学校評議委員 (2), 学校評議員, 学校評議員による会議, ～高校を育てる会, 揖斐高等学校学校評議員会, 岐阜高等学校「学校評議員会」, 多工を考える会議, 瑞高の未来（あす）を創る会, 岐阜県立郡上高等学校評議員会, 坂下女子高等学校評議員会, 多治見北高等学校評議員会, 岐阜県立大垣北高等学校評議員会, 岐阜三田高等学校評議員会, 21世紀の県岐商を考える会

C 三　重

小学校	学校評議員会 (11), 教育協議会 (5), 評議員会 (3), 学校評議員 (2), 学校教育協議会, 学校協議会, 教育協議会準備委員会, 子どもの教育を考える会, ○○小学校学校評議員会, 比奈知小学校学校評議員会, 地域っ子づくり推進会議, 教育協議会「東っ子の会」, 磯部小学校評議員会
中学校	学校評議員会, 学校評議員会議, 学校評議会, ○○小中学校評議員会, 育成会, 地域の教育を考える会, 宿田曽中学校評議員会, 輪内中学校評議員会, 紀北中学校評議員会地域教育協議会（別称コスモス）
高　校	学校評議員会 (12), 評議員会 (5), 評議委員会, 学校評議員会議 (2), 学校評議員 (2), 評議員会議, 本校学校評議員会, ○○高校を考える会, 地域と共に教育を考える協議会
特殊教育学校	学校評議員会 (3) 学校評議員委員会, 平成12年度第一回評議委員会

D 滋　賀

小学校	学校評議員会 (4), 学校協議会 (2), 学校評議員会議, 地域協働合校推進協議会, 後援会, ○○小評議員会, 南笠東学区地域協働合校推進委員会, ウインドウズ里東, 上田土子育てネットワーク, 秦荘西小学校学校評議員会, 治田っ子の明日を考える会
中学校	学校評議員会 (2), 学校評議員 (2), 学校評議員会議, 学校評議員の全体会, 学校運営パイロット委員会, 八幡東中学校学校評議会, 地域協働合校推進委員会, ○○中学校生徒指導協力者会議, 日野中学校
特殊教育学校	評議員による会議 (4), 学校評議員会 (2), 学校評議員の会, 評議員会, 学校評議員会, 評議員の集い, 学校評議員の集い, 学校評議員による会議, 評議員による会議（懇話会）, 学校評議員の懇談会, ○○高等学校学校評議員会, 栗東高等学校学校評議員会議, 県立八幡商業高等学校学校評員の会議

5　ユニークな会議名称

　表のとおり，「○○学校評議員会」という例が一番多く見受けられた中で，「真心サポーターの会」「田原っ子いきいきフォーラム」「東小がやがや会議」（岐阜県小学校），「大養ネットワーク21」（岐阜県特殊教育学校），「ウィンドウズ里東」「上田土子育てネットワーク」「治田っ子の明日を考える会」（滋賀県小学校），「学校運営パイロット委員会」（滋賀県中学校），「明治地区ぐるみ会」「大杉サミット」「ダックピカリ会」（高知県小学校）など，ユニークな会議名称が見られた。また，正式名称とは別に，「オレンジの会」（正式名称は，「開かれた活力ある学校づくり推進委員会」）や「アドバンス委員会」（正式名称は，「学校評議員会」）といった自由な名称を通称として用いている学校もあった。

6　その他

①**公募による委員選出（群馬県）**　群馬県ではいくつかの学校で委員の公募を実施している。「希望者がいない」（群馬県中学校）といった問題も指摘されているが，「人数を現在の2名から拡大したい」（群馬県小学校），あるいは，「公募制は手間がかかるので（委員の）任期を1年から2年にしたい」（群馬県小学校）といった具体的要望があげられ，公募制に対して積極的な意見があった。

②**小中学校合同の評議員の設置（岐阜県）**　岐阜県では，小学校・中学校で合同の評議員を設置している学校がある。そこでは，内規で「会議等に関わる主管は，小・中学校校長が2年単位で交互につとめる」（「白川町立黒川小学校並びに黒川中学校学校評議員設置に関する要綱」第2条2）と定められている。

③**委員長による会議招集（岐阜県）**　岐阜県では，評議員の中から委員長を選出し，委員長が会議を招集することを内規で定めている小学校・中学校が

ある。委員長が会議を「必要に応じて開催」（例えば、「金山町立菅田小学校運営懇話会設置要綱準則」第6条，「羽鳥市立中央小・中学校懇話会設置要綱」第6条，「大垣市立西小学校評議員会設置要綱」第6条などを参照。）することが可能であることから，必要性を鑑みて柔軟な対応が可能となろう。

④ **委員の職員会議への出席（岐阜県）** 岐阜県の小・中学校では，内規で「委員は，校長の求めに応じ職員会議等に出席することができる」ことを定めている（「羽鳥市立中央小・中学校懇話会設置要綱」第8条参照。）ところがあった。

（喜多明人・内田塔子）

□ 学校評議員(もしくは類似)制度
　設置・運営に関する学校内規の考察

　学校評議員(もしくは類似)制度を設置し運営していく上で,学校ごとにその位置づけや構成,機能などについて定めておくものとして内規がある。

　本調査では,設問Ⅰ-7-(2)において学校評議員(もしくは類似)制度の設置・運営について独自の内規を定めているか否かを問い,定めていると回答した学校には内規の送付を依頼している。調査結果では,内規を定めていると回答した学校は回答のあった535校のうちの227校であり,その割合は42.4％である。このうち,内規としての文書の返送があった学校は93校であり,これは定めていると回答した学校数227校に対して41.0％に相当する。この93校には,2種類の内規を返送した学校が2校(一覧表参照,A 102,A 104),5種類の内規を返送した学校が1校(A 203)含まれる。93校の県別及び学校種別に見た内訳は,群馬県の小学校が4校,中学校が4校,高等学校が2校,特殊教育学校が2校,岐阜県の小学校が26校,中学校が13校,高等学校が12校,三重県の小学校が3校,滋賀県の小学校が6校,中学校が2校,大分県の小学校が5校,高知県の小学校が3校,中学校が2校,高等学校が7校,特殊教育学校が2校となっている。以下,これらの内規より読み取れることについて,いくつかの視点から見ていきたい。

(1)内規の名称及び規定事項:学校ごとの内規の名称(一覧表参照)は,評議員(もしくは類似の委員),あるいは会議の「設置要項」「設置要綱」「設置要領」「設置要項準則」「設置要綱準則」「設置規則」「設置について」

「運営要項」「運営要領」「運営規程」「運営規定」「取扱要綱」「実施要綱」「会則」「規程」「規約」「内規」などといったかたちで定められているものであることが確認される。

　内規に規定される具体的な事項については学校ごとに項目やその配列が異なるが，概してみると，まず，名称，趣旨・目的，役割・業務・職務，所掌事項，協議内容といったことが記されている。また，組織・構成，選定，任期，身分，役員といったことについて記載され，情報提供及び発信あるいは意見聴取の方法としての会議や個別の諮問といったことのあり方，その運営に関して日程，回数，招集（召集）・主催・主宰，出席者，会議録，庶務，事務局についても記されている。さらには，守秘義務についてや運営に関する必要事項の決定や内規の改定についても記載されている。

（２）組織・構成：内規には，評議員（もしくは類似の委員）やその会議の構成・組織について規定される。そこでは定員について，また，構成するものとして，地域住民，有識者，団体や機関の代表，保護者などといった対象が示される。とくに高知県における場合には，組織や構成に関する項目のない１校を除く全学校で，児童あるいは生徒がメンバーとして規定されている。選任に関しては，学校長の推薦によって県や市町村の教育委員会が委嘱する，あるいは，校長が選任し教育委員会に届け出るといった規定が見られる。公募に関する規定のある学校も群馬県の小学校に２校ある。

（３）招集及び主催など（一覧表参照）：会議形式で運営すると定めている学校の内規には，その招集（召集），開催・主催や主宰などについての規定が見られる。ここでは，会議の日程については定めずに，「必要に応じて」あるいは「臨時に」招集（開催）するといったように定めるケースも見られる。そうしたケースも含めて，内規においてその招集や主催などの権限がどこにおかれるか，主体は何かということについてここでは分析する。この視点は，学校評議員（もしくは類似の委員）が，学校長からの一方的な「お伺い」に応えるというあり方から，より一歩問題提起あるいは改善

や解決へ向けた主体としての独自性を確保するための条件の一つとして，重要であると考えられる。内規の規定において，招集（召集），開催・主催や主宰などの主体が学校長である学校（学校長が臨時に開催できるとする学校も含む）は58校である。委員長あるいは会長が主体である学校（「初回は学校長による」学校，「委員の要請に基づき招集」する学校，「学校長との相談の上召集」する学校を含む）は18校である。会長と学校長の連名で招集（召集）するとする学校が3校である。また，会議形式であると規定せずに，「随時学校長が招集し，諮問する」や「学校長が必要に応じて意見聴取する」とする学校が3校ある。こうしたことに関する規定のない学校は11校である。

（4）予算に関する規定（一覧表参照）：予算に関する事柄を規定することには，学校評議員（もしくは類似）制度に関する仕組みやその委員の実際上の位置づけや身分，立場といったものを明確にし，より実効的な運用を確保するための一定の意義を見いだせよう。予算に関して何らかの規定をしている学校は21校であり，内規の返送のあった学校数93校に対して22.6％にとどまる。予算に関しては内規において，「身分」「報酬等」「任期等」「経費」「会計」といった部分の項目に規定されている。21校のうち12校では，報酬・報償や謝金等について「支給しない」としている。市町村の「教育委員会の予算の範囲内で」「別に定め」あるいは「支給する」などとする規定が5校，市町村の「教育委員会が定める」という規定が1校となっている。経費や資金に関しては，「助成金，寄付金，その他の収入をあてる」（D 103），「補助金その他の収入による」（D 201）と規定している学校が見られる。「評議員に費用弁償等を支給」するという規定も1校（E 105）ある。また，「会の予算は役員会の議決を，決算は承認を得なければならない」とする規定（D 103）も見られる。

（5）守秘義務に関する規定（一覧表参照）：評議員（もしくは類似の委員）に対する学校からの情報提供の際に，校内で問題となっていることをプライ

バシーに関するものであるとして避けてしまうなど，表面的なものになってしまうことがありえよう。あるいは，会議でより深く突っ込んだ議題を設定し，意見交換や議論をすることができないなどといったこともありえよう。そうしたことを回避するために守秘義務について規定することが効果をもつという考え方ができる。内規において，「職務上知り得た秘密を漏らしてはならない。その職を退いたあとも同様とする」などと求めている学校は33校であり，これは送付のあった93校の35.5％に相当する。そうした規定は，「守秘義務」「秘密保持」「身分」「任期等」「その他」といった項目に見られる。なお，高知県でこれについて定めている学校は0校である。

(6) 合同での開催（一覧表参照）：学校が小規模であるため，あるいは，メンバーの重複や運営のマンネリ化などといった問題への解決策の一つとして，学校間で連携したり，ネットワークをつくって実施したりすることが考えられる。内規の分析では，群馬県の小学校の内規に1校（A 102），岐阜県の小学校の内規に2校（B 101，B 115），中学校に1校（B 213）の計4校でそれに関する規定を見いだすことができる。

(7) 事務局，庶務，会議録：事務・庶務や会議録について定めている内規も見られる。事務局について規定する場合には学校におくとされ，庶務にあたるのは教頭あるいは教職員，学校職員とするという内規が見られる。会議録の形式や担当について定めている学校もある。

(8) 運営に関する必要事項の決定及び内規の改定に関する規定：内規で定めるもの以外の運営に関する必要事項をどのように決定するかということについての規定が「雑則」や「その他」といった項目において見られる。規定しているのは78校であり，内規の送付のあった学校数93校に対して83.9％に相当する。このうち，学校長が別に定めるとするのが19校であり，会議（あるいは協議）によって定めるとするのが19校，学校長が会議に諮って定めるとするのが27校，学校長が評議員に諮って定めるとす

るのが4校である。また，会長あるいは委員長が定めるとするのが2校であり，教育長が定めるとするのが3校，教育委員会が定めるとするのが1校，「別に定める」あるいは「別の要綱の規定を適用する」とするのが2校である。

　内規を改定（改正，改廃）することに関する規定は6校の内規に見られる。そのうちの5校は会議によるというものであり，1校は役員会によるというものである。

（大日方　真史）

内規一覧表 (表作成：大日方 真史)

* 表では、県別さらに学校種別に内規を区別する。使用する番号は、「県（群馬＝A，岐阜＝B，三重＝C，滋賀＝D，大分＝E，高知＝F)」＋「学校種（小学校＝1，中学校＝2，高等学校＝3，特殊教育学校＝4)」＋「二桁の数字（固有の番号）」の4文字をあてて示している。学校名あるいは内規の名称について、送付の際に明らかにしていない学校がある。名称が明らかである部分にはアルファベットを一文字あて、明らかでない部分に関しては、特に記載しないで空欄にするか、「■」で示す。

県名	学校種	No	学校（上段）／ 【内規の名称】（下段）	会議の招(召)集，開催，主催，主宰	予算に関する規定	守秘義務規定	合同開催の規定
岐阜	小学校	A101	T町立M小学校 【T町地域・学校協力者会議運営規程】	校長主催		有	
		A102	T市立N小学校 【T市立N小学校評議員設置要項】 【小学校評議員会運営要項】	校長開催			K中学校評議員会との合同の評議員会を開催できる
		A103	T市立N小学校 【T市立N小学校　学校評議員の設置要綱】	校長の要請で招集	謝金等の費用は市教委より配当の予算範囲内で執行		
		A104	T市立N小学校 【T市立N小学校評議員設置要領】 【T市立N小学校評議員設置要領細則】	校長開催			
	中学校	A201	G町立N中学校 【G町立N中学校　学校評議員にかかわる内規】	規定なし		有	
		A202	K市立H中学校 【K市立H中学校評議員会設置要綱（案）】	校長が招集，主宰	報酬は市教委予算内で別に定める	有	
		A203	T市立K中学校 【K中学校評議員設置について】 【T市立学校評議員設置要綱】 【T市立K中学校評議員設置要領】 【K中学校評議員選出要領】 【T市立K中学校評議員の会運営要領】	校長開催			
		A204	M市立D中学校 【M市立D中学校「学校評議員」取扱要綱】	校長開催			
	高等学校	A301	県立T高等学校 【群馬県立T高等学校評議員取扱要綱】	校長開催			

	A 302	県立N高等学校 【群馬県立N高等学校評議員実施要綱】	規定なし		
特殊教育学校	A 401	■学校 【学校評議員会会則】	校長が行う		
	A 402	県立H学校 【群馬県立H学校学校評議員設置要綱】	校長開催		
小学校	B 101	H村立H小学校 【H村立学校評議員設置要綱】	代表校長招集	有	小・中学校評議員を置く
	B 102	K町立K小学校 【K町立K小学校学校評議員会設置要綱】	規定なし		
	B 103	M町立F小学校 【K郡M町立F小学校　学校評議員要綱】	校長召集		
	B 104	H町立O小学校 【『健やかな子を育てる会』（学校評議会）設置要項】	校長召集		
	B 105	K町立N小学校 【K町立N小学校学校評議員設置要綱】	校長招集	有	
	B 106	M村立O小学校 【O小学校評議員会規程】	校長招集		
	B 107	T市立S小学校 【T市立S小学校・学校評議員設置要項】	校長招集	報酬は支給しない	
	B 108	K市立S小学校 【K市立S小学校学校評議員設置要綱】	校長召集		
岐阜	B 109	K町立S小学校 【K町立S小学校運営懇話会設置要項準則】	委員長召集。初回は校長	報酬は支給しない	有
	B 110	Y町立Y小学校 【Y町立Y小学校学校評議員設置要綱】	校長召集		
	B 111	T市立T小学校 【T市立T小学校　学校評議員設置要綱】	校長召集		
	B 112	Y町立Y小学校 【Y小学校学校評議員会設置要項】	校長招集		
	B 113	K村立K小学校 【K村立K小学校評議員設置要綱】	校長召集	報酬は支給しない	有
	B 114	K町立K小学校 【K町立K小学校　学校評議員　設置要綱】	校長召集		

岐阜		B 115	H市立C小学校 【H市立C小・中学校懇話会設置要綱】	委員長召集。初回は校長	報酬は支給しない	有	H市立C小・中学校学校懇話会を設置
		B 116	G町立K小学校 【G町立K小学校評議員設置要項】	校長招集		有	
		B 117	G市立K小学校 【G市立K小学校評議員会設置要綱】	校長招集	報酬は支給しない	有	
		B 118	H市立N小学校 【H市立N小学校区懇話会設置要綱準則】	委員長招集。初回は校長	報酬は支給しない	有	
		B 119	W村立W小学校 【W村立W小学校学校評議員設置要綱】	校長召集			
		B 120	M町立K小学校 【M町立K小学校学校評議員会設置要綱】	校長召集		有	
		B 121	S町立N小学校 【S町立N小学校学校協力者会設置要綱】	校長招集		有	
		B 122	O町立H小学校 【O町立H小学校評議員設置規則】	校長招集	報酬は町教委が定める	有	
		B 123	E市立N小学校 【E市立N小学校学校評議員設置要綱】	校長招集			
		B 124	M町立M小学校 【M町立M小学校学校評議員設置要綱】	校長招集		有	
		B 125	G市立N小学校 【小学校評議員設置要綱】	校長召集	報酬は支給しない	有	
		B 126	O市立N小学校 【O市立N小学校評議員会設置要綱】	委員長の要請に基づき委員長招集	原則無報酬	有	
	中学校	B 201	T町立F中学校 【T町立F中学校学校評議員設置要綱】	校長召集			
		B 202	M町K町中学校組合立K中学校 【学校評議員設置要綱】	校長召集			
		B 203	N町立Y中学校 【N町立Y中学校　学校評議員設置要綱】	校長招集		有	
		B 204	O市立K中学校 【O市立K中学校評議員設置要綱】	校長招集		有	
		B 205	S町立S中学校 【S中学校評議員の運営等に関する規程】	校長召集		有	

	B206	A町組合立T中学校 【T中学校　学校評議員設置要綱】	校長召集			
	B207	N村立N中学校 【N村立N中学評議員会設置要綱】	校長召集	報酬は支給しない	有	
	B208	M市立M中学校 【M中学校子育てネットワーク　学校評議員会会則】	校長召集			
	B209	G市立N中学校 【G市立N中学校　学校評議員設置要綱】	校長召集	報酬は支給しない	有	
	B210	■中学校 【中学校区教育懇談会設置要綱準則】	委員長召集。初回は校長	報酬は支給しない	有	
	B211	M市立H中学校 【学校評議員設置要綱】	校長招集			
	B212	G市立G中学校 【『G中を育てる評議員』設置要綱】	校長召集	報酬は支給しない	有	
	B213	S町立K中学校 【S町立K小学校並びにK中学校学校評議員設置に関する要綱】	校長招集		有	S町立K小学校・中学校に合同の学校評議員を置く。
高等学校	B301	県立I高等学校 【岐阜県立I高等学校評議員設置要綱】	校長召集			
	B302	県立C高等学校 【岐阜県立C高等学校評議員設置要綱】	会議形式の規定なし			
	B303	県立G高等学校 【岐阜県立G高等学校評議員設置要綱】	校長招集			
	B304	県立T高等学校 【岐阜県立T高等学校評議員会設置要】	校長召集			
	B305	県立Y高等学校 【岐阜県立Y高等学校　学校評議員設置要綱】	校長召集			
	B306	S市立S高等学校 【S市立S高等学校学校評議員設置要綱】	校長招集，主宰		有	
	B307	県立N高等学校 【岐阜県立N高等学校学校評議員設置要綱】	校長招集			
	B308	県立T高等学校 【岐阜県立T高等学校学校評議員設置要項】	校長招集			

学校評議員（もしくは類似）の学校慣習法的発展の可能性

		B 309	県立O高等学校 【岐阜県立O高等学校評議員設置要綱】	会議形式の規定なし		
		B 310	県立K高等学校 【岐阜県立K高等学校評議員設置要綱】	規定なし		
		B 311	県立G高等学校 【岐阜県立G高等学校評議員設置要綱】	校長召集		
		B 312	県立O高等学校 【岐阜県立O高等学校評議員会設置要綱】	校長招集		
三重	小学校	C 101	K町立K小学校 【K町立学校学校評議員取扱要綱】	校長主宰	有	
		C 102	K市立O小学校 【O小学校区教育協議会規約】	規定なし		
		C 103	I市立S小学校 【S小学校協議会」会則】	規定なし		
滋賀	小学校	D 101	H町立H小学校 【「Hっ子の明日を考える会」設置要綱】	会長,学校長連名で招集		
		D 102	T町立T小学校 【町立学校学校評議員設置要綱】	校長招集,主宰	評議員は教委が委嘱。報償は,予算の範囲内で別に定める。	有
		D 103	■小学校	規定なし	経費は,助成金,寄付金,その他収入金をあてる。会の予算は役員会の議決,決算は承認	
		D 104	■小学校 【■小学校学校評議員要綱】	規定なし		有
		D 105	R町立D小学校 【R町立D小学校学校協議会会則】	会長,学校長連名で招集		
		D 106	K町立O小学校 【学校評議員設置要綱】	会議形式の規定なし		
	中学校	D 201	O市立H中学校 【O市立H中学校評議員会会則】	校長と会長の協議の上開催。連名で召集	資金は,補助金・その他の収入による	
		D 202	K中学校 【K中学校 学校評議員会 設置要綱】	会長召集		

大分	小学校	E 101	S市立N小学校 【S市立N小学校評議員運営規定】	校長が臨時に開催する場合もある	市教委予算範囲内で報酬支給	有	
		E 102	M町立■小学校 【学校評議員会の運営について】	規定なし			
		E 103	O市立■小学校 【O市立■小学校 評議員要綱】	校長招集		有	
		E 104	O市立K小学校 【O市立K小学校学校評議員運営規程】	校長が臨時に開催する場合がある	予算範囲内で市教委が報酬支給	有	
		E 105	M村立I小学校 【M村立学校「学校評議員」設置要綱】	校長招集	費用弁償等を支給	有	
高知	小学校	F 101	T村立T小学校 【T小学校「開かれた学校づくり推進委員会」設置要綱】	委員長招集，主宰			
		F 102	K村立K小学校 【開かれた学校づくり 推進委員会要項】	規定なし			
		F 103	■小学校 【「開かれた学校づくり推進委員会」設置要項】	委員長が学校長と相談のうえ召集			
	中学校	F 201	Y中学校 【開かれた学校づくり推進委員会（学校生活検討委員会）規約】	委員長召集，主宰			
		F 202	K市立A中学校 【開かれた学校づくり推進事業実施要綱】	規定なし			
	高等学校	F 301	県立T高等学校 【高知県立T高等学校開かれた学校づくり推進委員会規約】	委員長招集，主宰			
		F 302	県立S高等学校 【高知県立S高等学校「開かれた学校づくり推進委員会」規約】	委員長招集，主宰			
		F 303	県立N高等学校 【高知県立N高等学校「開かれた学校づくり推進委員会」設置要綱】	委員長招集，主宰			
		F 304	K高等学校 【「開かれた学校づくり」推進委員会要綱】	委員長招集，主宰			

	F305	県立H高等学校 【高知県立H高等学校「開かれた学校づくり推進委員会」要綱】	委員長招集，主宰			
	F306	県立I高校 【「I高校をよくする会」設置要項】	委員長招集，主宰			
	F307	県立Y高等学校 【開かれた学校づくり推進委員会設置要綱】	委員長招集，主宰			
特殊教育学校	F401	県立K学校 【「地域と結ぶ学校づくり推進委員会」設置要綱】	委員長招集，主宰			
	F402	県立K学校 【「開かれた学校づくり推進委員会」設置要綱】	委員長招集，主宰			

資料編

■川崎市子どもの権利に関する条例

2000年（平成12年）12月21日
川崎市条例第72号
川崎市条例
最近改正　2001年（平成13年）6月29日

目次

前文
第1章　総則（第1条～第8条）
第2章　人間としての大切な子どもの権利（第9条～第16条）
第3章　家庭，育ち・学ぶ施設及び地域における子どもの権利の保障
　第1節　家庭における子どもの権利の保障（第17条～第20条）
　第2節　育ち・学ぶ施設における子どもの権利の保障（第21条～第25条）
　第3節　地域における子どもの権利の保障（第26条～第28条）
第4章　子どもの参加（第29条～第34条）
第5章　相談及び救済（第35条）
第6章　子どもの権利に関する行動計画（第36条・第37条）
第7章　子どもの権利の保障状況の検証（第38条～第40条）
第8章　雑則（第41条）
附　則

前文

子どもは，それぞれが一人の人間である。子どもは，かけがえのない価値と尊厳を持っており，個性や他の者との違いが認められ，自分が自分であることを大切にされたいと願っている。

子どもは，権利の全面的な主体である。子どもは，子どもの最善の利益の確保，差別の禁止，子どもの意見の尊重などの国際的な原則の下で，その権利を総合的に，かつ，現実に保障される。子どもにとって権利は，人間としての尊厳をもって，自分を自分として実現し，自分らしく生きていく上で不可欠なものである。

子どもは，その権利が保障される中で，豊かな子ども時代を過ごすことができる。子どもの権利について学習することや実際に行使することなどを通して，子どもは，権利の認識を深め，権利を実現する力，他の者の権利を尊重する力や責任などを身に付けることができる。また，自分の権利が尊重され，保障されるためには，同じように他の者の権利が尊重され，保障されなければならず，それぞれの権利が相互に尊重されることが不可欠である。

子どもは，大人とともに社会を構成するパートナーである。子どもは，現在の社会の一員として，また，未来の社会の担い手として，社会の在り方や形成にかかわる固有の役割があるとともに，そこに参加する権利がある。そのためにも社会は，子どもに開かれる。

子どもは，同時代を生きる地球市民として国内外の子どもと相互の理解と交流を深め，共生と平和を願い，自然を守り，都市のより良い環境を創造することに欠かせない役割を持っている。

市における子どもの権利を保障する取組は，市に生活するすべての人々の共生を進め，その権利の保障につながる。私たちは，子ども最優先などの国際的な原則も踏まえ，それぞれの子どもが一人の人間として生きていく上で必要な権利が保障されるよう努める。

私たちは，こうした考えの下，平成元年11月20日に国際連合総会で採択された「児童の権利に関する条約」の理念に基づき，子どもの権利の保障を進めることを宣言し，この条例を制定する。

第1章　総則

（目的）

第1条　この条例は，子どもの権利に係る市等の責務，人間としての大切な子どもの権利，家庭，育ち・学ぶ施設及び地域における子どもの権利の保障等について定めることにより，子どもの権利の保障を図ることを目的とする。

（定義）
第2条　この条例において，次の各号に掲げる用語の意義は，それぞれ当該各号に定めるところによる。
(1)　子ども　市民をはじめとする市に関係のある18歳未満の者その他これらの者と等しく権利を認めることが適当と認められる者
(2)　育ち・学ぶ施設　児童福祉法（昭和22年法律第164号）に規定する児童福祉施設，学校教育法（昭和22年法律第26号）に規定する学校，専修学校，各種学校その他の施設のうち，子どもが育ち，学ぶために入所し，通所し，又は通学する施設
(3)　親に代わる保護者　児童福祉法に規定する里親又は保護受託者その他の親に代わり子どもを養育する者

（責務）
第3条　市は，子どもの権利を尊重し，あらゆる施策を通じてその保障に努めるものとする。
2　市民は，子どもの権利の保障に努めるべき場において，その権利が保障されるよう市との協働に努めなければならない。
3　育ち・学ぶ施設の設置者，管理者及び職員（以下「施設関係者」という。）のうち，市以外の施設関係者は，市の施策に協力するよう努めるとともに，その育ち・学ぶ施設における子どもの権利が保障されるよう努めなければならない。
4　事業者は，雇用される市民が養育する子ども及び雇用される子どもの権利の保障について市の施策に協力するよう努めなければならない。

（国等への要請）
第4条　市は，子どもの権利が広く保障されるよう国，他の公共団体等に対し協力を要請し，市外においてもその権利が保障されるよう働きかけを行うものとする。

（かわさき子どもの権利の日）
第5条　市民の間に広く子どもの権利についての関心と理解を深めるため，かわさき子どもの権利の日を設ける。
2　かわさき子どもの権利の日は，11月20日とする。
3　市は，かわさき子どもの権利の日の趣旨にふさわしい事業を実施し，広く市民の参加を求めるものとする。

（広報）
第6条　市は，子どもの権利に対する市民の理解を深めるため，その広報に努めるものとする。

（学習等への支援等）
第7条　市は，家庭教育，学校教育及び社会教育の中で，子どもの権利についての学習等が推進されるよう必要な条件の整備に努めるものとする。
2　市は，施設関係者及び医師，保健婦等の子どもの権利の保障に職務上関係のある者に対し，子どもの権利についての理解がより深まるよう研修の機会を提供するものとする。
3　市は，子どもによる子どもの権利についての自主的な学習等の取組に対し，必要な支援に努めるものとする。

（市民活動への支援）
第8条　市は，子どもの権利の保障に努める市民の活動に対し，その支援に努めるとともに，子どもの権利の保障に努める活動を行うものとの連携を図るものとする。

第2章　人間としての大切な子どもの権利

（子どもの大切な権利）
第9条　この章に規定する権利は，子どもにとって，人間として育ち，学び，生活をしていく上でとりわけ大切なものとして保障されなければならない。

（安心して生きる権利）
第10条　子どもは，安心して生きることができる。そのためには，主として次に掲げる権利が保障されなければならない。
(1)　命が守られ，尊重されること。
(2)　愛情と理解をもってはぐくみ育まれること。
(3)　あらゆる形態の差別を受けないこと。
(4)　あらゆる形の暴力を受けず，又は放置されないこと。
(5)　健康に配慮がなされ，適切な医療が提供され，及び成長にふさわしい生活ができること。
(6)　平和と安全な環境の下で生活ができること。

（ありのままの自分でいる権利）
第11条　子どもは，ありのままの自分でいることができる。そのためには，主として次に掲げる権利が保障されなければならない。
(1)　個性や他の者との違いが認められ，人格が尊重されること。
(2)　自分の考えや信仰を持つこと。
(3)　秘密が侵されないこと。
(4)　自分に関する情報が不当に収集され，又は利用されないこと。
(5)　子どもであることをもって不当な取扱いを受けないこと。
(6)　安心できる場所で自分を休ませ，及び余暇を持つこと。

（自分を守り，守られる権利）
第12条　子どもは，自分を守り，又は自分が守られることができる。そのためには，主として次に掲げる権利が保障されなければならない。
(1)　あらゆる権利の侵害から逃れられること。
(2)　自分が育つことを妨げる状況から保護されること。
(3)　状況に応じた適切な相談の機会が，相談にふさわしい雰囲気の中で確保されること。
(4)　自分の将来に影響を及ぼすことについて他の者が決めるときに，自分の意見を述べるのにふさわしい雰囲気の中で表明し，その意見が尊重されること。
(5)　自分を回復するに当たり，その回復に適切でふさわしい雰囲気の場が与えられること。

（自分を豊かにし，力づけられる権利）
第13条　子どもは，その育ちに応じて自分を豊かにし，力づけられることができる。そのためには，主として次に掲げる権利が保障されなければならない。
(1)　遊ぶこと。
(2)　学ぶこと。
(3)　文化芸術活動に参加すること。
(4)　役立つ情報を得ること。
(5)　幸福を追求すること。

（自分で決める権利）
第14条　子どもは，自分に関することを自分で決めることができる。そのためには，主として次に掲げる権利が保障されなければならない。
(1)　自分に関することを年齢と成熟に応じて決めること。
(2)　自分に関することを決めるときに，適切な支援及び助言が受けられること。
(3)　自分に関することを決めるために必要な情報が得られること。

（参加する権利）
第15条　子どもは，参加することができる。そのためには，主として次に掲げる権利が保障されなければならない。
(1)　自分を表現すること。
(2)　自分の意見を表明し，その意見が尊重されること。
(3)　仲間をつくり，仲間と集うこと。
(4)　参加に際し，適切な支援が受けられること。

（個別の必要に応じて支援を受ける権利）
第16条　子どもは，その置かれた状況に応じ，子どもにとって必要な支援を受けることができる。そのためには，主として次に掲げる権利が保障されなければならない。
(1)　子ども又はその家族の国籍，民族，性別，言語，宗教，出身，財産，障害その他の置かれている状況を原因又は理由とした差別及び不利益を受けないこと。

(2) 前号の置かれている状況の違いが認められ，尊重される中で共生できること。
(3) 障害のある子どもが，尊厳を持ち，自立し，かつ，社会への積極的な参加が図られること。
(4) 国籍，民族，言語等において少数の立場の子どもが，自分の文化等を享受し，学習し，又は表現することが尊重されること。
(5) 子どもが置かれている状況に応じ，子どもに必要な情報の入手の方法，意見の表明の方法，参加の手法等に工夫及び配慮がなされること。

第3章　家庭，育ち・学ぶ施設及び地域における子どもの権利の保障

第1節　家庭における子どもの権利の保障

（親等による子どもの権利の保障）
第17条　親又は親に代わる保護者（以下「親等」という。）は，その養育する子どもの権利の保障に努めるべき第一義的な責任者である。
2　親等は，その養育する子どもが権利を行使する際に子どもの最善の利益を確保するため，子どもの年齢と成熟に応じた支援に努めなければならない。
3　親等は，子どもの最善の利益と一致する限りにおいて，その養育する子どもに代わり，その権利を行使するよう努めなければならない。
4　親等は，育ち・学ぶ施設及び保健，医療，児童福祉等の関係機関からその子どもの養育に必要な説明を受けることができる。この場合において，子ども本人の情報を得ようとするときは，子どもの最善の利益を損なわない限りにおいて行うよう努めなければならない。

（養育の支援）
第18条　親等は，その子どもの養育に当たって市から支援を受けることができる。
2　市は，親等がその子どもの養育に困難な状況にある場合は，その状況について特に配慮した支援に努めるものとする。
3　事業者は，雇用される市民が安心してその子どもを養育できるよう配慮しなければならない。

（虐待及び体罰の禁止）
第19条　親等は，その養育する子どもに対して，虐待及び体罰を行ってはならない。

（虐待からの救済及びその回復）
第20条　市は，虐待を受けた子どもに対する迅速かつ適切な救済及びその回復に努めるものとする。
2　前項の救済及びその回復に当たっては，二次的被害が生じないようその子どもの心身の状況に特に配慮しなければならない。
3　市は，虐待の早期発見及び虐待を受けた子どもの迅速かつ適切な救済及びその回復のため，関係団体等との連携を図り，その支援に努めるものとする。

第2節　育ち・学ぶ施設における子どもの権利の保障

（育ち・学ぶ環境の整備等）
第21条　育ち・学ぶ施設の設置者及び管理者（以下「施設設置管理者」という。）は，その子どもの権利の保障が図られるよう育ち・学ぶ施設において子どもが自ら育ち，学べる環境の整備に努めなければならない。
2　前項の環境の整備に当たっては，その子どもの親等その他地域の住民との連携を図るとともに，育ち・学ぶ施設の職員の主体的な取組を通して行われるよう努めなければならない。

（安全管理体制の整備等）
第22条　施設設置管理者は，育ち・学ぶ施設の活動における子どもの安全を確保するため，災害の発生の防止に努めるとともに，災害が発生した場合にあっても被害の拡大を防げるよう関係機関，親等その他地域の住民との連携を図り，安全管理の体制の整備及びその維持に努めなければならない。
2　施設設置管理者は，その子どもの自主的な

活動が安全の下で保障されるようその施設及び設備の整備等に配慮しなければならない。

（虐待及び体罰の禁止等）
第23条　施設関係者は，その子どもに対し，虐待及び体罰を行ってはならない。
2　施設設置管理者は，その職員に対し，子どもに対する虐待及び体罰の防止に関する研修等の実施に努めなければならない。
3　施設設置管理者は，子どもに対する虐待及び体罰に関する相談をその子どもが安心して行うことができる育ち・学ぶ施設における仕組みを整えるよう努めなければならない。
4　施設関係者は，虐待及び体罰に関する子どもの相談を受けたときは，子どもの最善の利益を考慮し，その相談の解決に必要な者，関係機関等と連携し，子どもの救済及びその回復に努めなければならない。

（いじめの防止等）
第24条　施設関係者は，いじめの防止に努めなければならない。
2　施設関係者は，いじめの防止を図るため，その子どもに対し，子どもの権利が理解されるよう啓発に努めなければならない。
3　施設設置管理者は，その職員に対し，いじめの防止に関する研修等の実施に努めなければならない。
4　施設設置管理者は，いじめに関する相談をその子どもが安心して行うことができる育ち・学ぶ施設における仕組みを整えるよう努めなければならない。
5　施設関係者は，いじめに関する子どもの相談を受けたときは，子どもの最善の利益を考慮し，その相談の解決に必要な者，関係機関等と連携し，子どもの救済及びその回復に努めなければならない。この場合において，施設関係者は，いじめを行った子どもに対しても必要な配慮を行った上で適切な対応を行うよう努めなければならない。

（子ども本人に関する文書等）
第25条　育ち・学ぶ施設における子ども本人に関する文書は，適切に管理され，及び保管されなければならない。
2　前項の文書のうち子どもの利害に影響するものにあっては，その作成に当たり，子ども本人又はその親等の意見を求める等の公正な文書の作成に対する配慮がなされなければならない。
3　育ち・学ぶ施設においては，その目的の範囲を超えてその子ども本人に関する情報が収集され，又は保管されてはならない。
4　前項の情報は，育ち・学ぶ施設のその目的の範囲を超えて利用され，又は外部に提供されてはならない。
5　第1項の文書及び第3項の情報に関しては，子どもの最善の利益を損なわない限りにおいてその子ども本人に提示され，又は提供されるよう文書及び情報の管理等に関する事務が行われなければならない。
6　育ち・学ぶ施設において子どもに対する不利益な処分等が行われる場合には，その処分等を決める前に，その子ども本人から事情，意見等を聴く場を設ける等の配慮がなされなければならない。

第3節　地域における子どもの権利の保障

（子どもの育ちの場等としての地域）
第26条　地域は，子どもの育ちの場であり，家庭，育ち・学ぶ施設，文化，スポーツ施設等と一体となってその人間関係を豊かなものとする場であることを考慮し，市は，地域において子どもの権利の保障が図られるよう子どもの活動が安全の下で行うことができる子育て及び教育環境の向上を目指したまちづくりに努めるものとする。
2　市は，地域において，子ども，その親等，施設関係者その他住民がそれぞれ主体となって，地域における子育て及び教育環境に係る協議その他の活動を行う組織の整備並びにその活動に対し支援に努めるものとする。

（子どもの居場所）
第27条　子どもには，ありのままの自分でい

ること，休息して自分を取り戻すこと，自由に遊び，若しくは活動すること又は安心して人間関係をつくり合うことができる場所（以下「居場所」という。）が大切であることを考慮し，市は，居場所についての考え方の普及並びに居場所の確保及びその存続に努めるものとする。
2　市は，子どもに対する居場所の提供等の自主的な活動を行う市民及び関係団体との連携を図り，その支援に努めるものとする。

（地域における子どもの活動）
第28条　地域における子どもの活動が子どもにとって豊かな人間関係の中で育つために大切であることを考慮し，市は，地域における子どもの自治的な活動を奨励するとともにその支援に努めるものとする。

第4章　子どもの参加

（子どもの参加の促進）
第29条　市は，子どもが市政等について市民として意見を表明する機会，育ち・学ぶ施設その他活動の拠点となる場でその運営等について構成員として意見を表明する機会又は地域における文化・スポーツ活動に参加する機会を諸施策において保障することが大切であることを考慮して，子どもの参加を促進し，又はその方策の普及に努めるものとする。

（子ども会議）
第30条　市長は，市政について，子どもの意見を求めるため，川崎市子ども会議（以下「子ども会議」という。）を開催する。
2　子ども会議は，子どもの自主的及び自発的な取組により運営されるものとする。
3　子ども会議は，その主体である子どもが定める方法により，子どもの総意としての意見等をまとめ，市長に提出することができる。
4　市長その他の執行機関は，前項の規定により提出された意見等を尊重するものとする。
5　市長その他の執行機関は，子ども会議にあらゆる子どもの参加が促進され，その会議が円滑に運営されるよう必要な支援を行うものとする。

（参加活動の拠点づくり）
第31条　市は，子どもの自主的及び自発的な参加活動を支援するため，子どもが子どもだけで自由に安心して集うことができる拠点づくりに努めるものとする。

（自治的活動の奨励）
第32条　施設設置管理者は，その構成員としての子どもの自治的な活動を奨励し，支援するよう努めなければならない。
2　前項の自治的な活動による子どもの意見等については，育ち・学ぶ施設の運営について配慮されるよう努めなければならない。

（より開かれた育ち・学ぶ施設）
第33条　施設設置管理者は，子ども，その親等その他地域の住民にとってより開かれた育ち・学ぶ施設を目指すため，それらの者に育ち・学ぶ施設における運営等の説明等を行い，それらの者及び育ち・学ぶ施設の職員とともに育ち・学ぶ施設を支え合うため，定期的に話し合う場を設けるよう努めなければならない。

（市の施設の設置及び運営に関する子どもの意見）
第34条　市は，子どもの利用を目的とした市の施設の設置及び運営に関し，子どもの参加の方法等について配慮し，子どもの意見を聴くよう努めるものとする。

第5章　相談及び救済

（相談及び救済）
第35条　子どもは，川崎市人権オンブズパーソンに対し，権利の侵害について相談し，又は権利の侵害からの救済を求めることができる。
2　市は，川崎市人権オンブズパーソンによるもののほか，子どもの権利の侵害に関する相談又は救済については，関係機関，関係団体等との連携を図るとともに子ども及びその権利の侵害の特性に配慮した対応に努めるものとする。

第6章 子どもの権利に関する行動計画

(行動計画)
第36条 市は，子どもに関する施策の推進に際し子どもの権利の保障が総合的かつ計画的に図られるための川崎市子どもの権利に関する行動計画（以下「行動計画」という。）を策定するものとする。
2　市長その他の執行機関は，行動計画を策定するに当たっては，市民及び第38条に規定する川崎市子どもの権利委員会の意見を聴くものとする。

(子どもに関する施策の推進)
第37条 市の子どもに関する施策は，子どもの権利の保障に資するため，次に掲げる事項に配慮し，推進しなければならない。
(1) 子どもの最善の利益に基づくものであること。
(2) 教育，福祉，医療等との連携及び調整が図られた総合的かつ計画的なものであること。
(3) 親等，施設関係者その他市民との連携を通して一人一人の子どもを支援するものであること。

第7章 子どもの権利の保障状況の検証

(権利委員会)
第38条 子どもに関する施策の充実を図り，子どもの権利の保障を推進するため，川崎市子どもの権利委員会（以下「権利委員会」という。）を置く。
2　権利委員会は，第36条第2項に定めるもののほか，市長その他の執行機関の諮問に応じて，子どもに関する施策における子どもの権利の保障の状況について調査審議する。
3　権利委員会は，委員10人以内で組織する。
4　委員は，人権，教育，福祉等の子どもの権利にかかわる分野において学識経験のある者及び市民のうちから，市長が委嘱する。
5　委員の任期は，3年とする。ただし，補欠の委員の任期は，前任者の残任期間とする。
6　委員は，再任されることができる。
7　第4項の委員のほか，特別の事項を調査審議させるため必要があるときは，権利委員会に臨時委員を置くことができる。
8　委員及び臨時委員は，職務上知ることができた秘密を漏らしてはならない。その職を退いた後も同様とする。
9　前各項に定めるもののほか，権利委員会の組織及び運営に関し必要な事項は，市長が定める。

(検証)
第39条 権利委員会は，前条第2項の諮問があったときは，市長その他の執行機関に対し，その諮問に係る施策について評価等を行うべき事項について提示するものとする。
2　市長その他の執行機関は，前項の規定により権利委員会から提示のあった事項について評価等を行い，その結果を権利委員会に報告するものとする。
3　権利委員会は，前項の報告を受けたときは，市民の意見を求めるものとする。
4　権利委員会は，前項の規定により意見を求めるに当たっては，子どもの意見が得られるようその方法等に配慮しなければならない。
5　権利委員会は，第2項の報告及び第3項の意見を総合的に勘案して，子どもの権利の保障の状況について調査審議するものとする。
6　権利委員会は，前項の調査審議により得た検証の結果を市長その他の執行機関に答申するものとする。

(答申に対する措置等)
第40条 市長その他の執行機関は，権利委員会からの答申を尊重し，必要な措置を講ずるものとする。
2　市長は，前条の規定による答申及び前項の規定により講じた措置について公表するものとする。

第8章 雑則

(委任)

第41条　この条例の施行に関し必要な事項は，市長その他の執行機関が定める。

附　則
（施行期日）
1　この条例は，平成13年4月1日から施行する。

（権利侵害からの救済等のための体制整備）
2　市は，子どもに対する権利侵害の事実が顕在化しにくく認識されにくいことと併せ，子どもの心身に将来にわたる深刻な影響を及ぼすことを考慮し，子どもが安心して相談し，救済を求めることができるようにするとともに，虐待等の予防，権利侵害からの救済及び回復等を図ることを目的とした新たな体制を早急に整備する。

附　則

■国連・子どもの権利に関する条約（抄）

1989年11月20日　国連総会採択
1994年4月22日　日本批准

この条例の施行期日は，市長が定める。

前文

　この条約の締約国は，

　国際連合憲章において宣明された原則に従い，人類社会のすべての構成員の固有の尊厳および平等のかつ奪えない権利を認めることが世界における自由，正義および平和の基礎であることを考慮し，

　国際連合の諸人民が，その憲章において，基本的人権ならびに人間の尊厳および価値についての信念を再確認し，かつ，社会の進歩および生活水準の向上をいっそう大きな自由の中で促進しようと決意したことに留意し，

　国際連合が，世界人権宣言および国際人権規約において，全ての者は人種，皮膚の色，性，言語，宗教，政治的意見その他の意見，国民的もしくは社会的出身，財産，出生またはその他の地位等によるいかなる種類の差別もなしに，そこに掲げるすべての権利および自由を有することを宣明しかつ同意したことを認め，

　国際連合が，世界人権宣言において，子ども時代は特別のケアおよび援助を受ける資格のあることを宣明したことを想起し，

　家族が，社会の基礎的集団として，ならびにそのすべての構成員とくに子どもの成長および福祉のための自然的環境として，その責任を地域社会において十分に果たすことができるように必要な保護および援助が与えられるべきであることを確信し，

　子どもが，人格の全面的かつ調和のとれた発達のために，家庭環境の下で，幸福，愛情および理解のある雰囲気の中で成長すべきであることを認め，

　子どもが，十分に社会の中で個人としての生活を送れるようにすべきであり，かつ，国際連合憲章に宣明された理想の精神の下で，ならびにとくに平和，尊厳，寛容，自由，平等および連帯の精神の下で育てられるべきであることを考慮し，

　子どもに特別なケアを及ぼす必要性が，1924年のジュネーブ子どもの権利宣言および国際連合総会が1959年11月20日に採択した子どもの権利宣言に述べられており，かつ，世界人権宣言，市民的及び政治的権利に関する国際規約（とくに第23条および第24条），経済的，社会的及び文化的権利に関する国際的規約（とくに第10条），ならびに子どもの福祉に関係ある専門機関および国際機関の規程および関連文書において認められていることに留意し，

　子どもの権利宣言において示されたように，「子どもは，身体的および精神的に未成熟であるため，出生前後に，適当な法的保護を含む特別の保護およびケアを必要とする」ことに留意し，

　国内的および国際的な里親託置および養子縁組にとくに関連した子どもの保護および福祉についての社会的および法的原則に関する宣言，少年司法運営のための国際連合最低基準規則（北京規則），ならびに，緊急事態および武力紛争における女性および子どもの保護に関する宣言の条項を想起し，

　とくに困難な条件の中で生活している子どもが世界のすべての国に存在していること，および，このような子どもが特別の考慮を必要としていることを認め，

　子どもの保護および調和のとれた発達のためにそれぞれの人民の伝統および文化的価値の重要性を正当に考慮し，

　すべての国，とくに発展途上国における子どもの生活条件改善のための国際協力の重要性を認め，

　次のとおり協定した。

第 I 部

第1条（子どもの定義）

この条約の適用上，子どもとは，18歳未満のすべての者をいう。ただし，子どもに適用される法律の下でより早く成年に達する場合は，この限りでない。

第2条（差別の禁止）

1．締約国は，その管轄内にある子ども一人一人に対して，子どもまたは親もしくは法定保護者の人種，皮膚の色，性，言語，宗教，政治的意見その他の意見，国民的，民族的もしくは社会的出身，財産，障害，出生またはその他の地位にかかわらず，いかなる種類の差別もなしに，この条約に掲げる権利を尊重しかつ確保する。

2．締約国は，子どもが，親，法定保護者または家族構成員の地位，活動，表明した意見または信条を根拠とするあらゆる形態の差別または処罰からも保護されることを確保するためにあらゆる適当な措置をとる。

第3条（子どもの最善の利益）

1．子どもにかかわるすべての活動において，その活動が公的もしくは私的な社会福祉機関，裁判所，行政機関または立法機関によってなされたかどうかにかかわらず，子どもの最善の利益が第一次的に考慮される。

2．締約国は，親，法定保護者または子どもに法的な責任を負う他の者の権利および義務を考慮しつつ，子どもに対してその福祉に必要な保護およびケアを確保することを約束し，この目的のために，あらゆる適当な立法上および行政上の措置をとる。

3．締約国は，子どものケアまたは保護に責任を負う機関，サービスおよび施設が，とくに安全および健康の領域，職員の数および適格性，ならびに職員の適正な監督について，権限ある機関により設定された基準に従うことを確保する。

第4条（締約国の実施義務）

締約国は，この条約において認められる権利の実施のためのあらゆる適当な立法上，行政上およびその他の措置をとる。経済的，社会的および文化的権利に関して，締約国は，自国の利用可能な手段を最大限に用いることにより，および必要な場合には，国際協力の枠組の中でこれらの措置をとる。

第5条（親の指導の尊重）

締約国は，親，または適当な場合には，地方的慣習で定められている拡大家族もしくは共同体の構成員，法定保護者もしくは子どもに法的な責任を負う他の者が，この条約において認められる権利を子どもが行使するにあたって，子どもの能力の発達と一致する方法で適当な指示および指導を行う責任，権利および義務を尊重する。

第6条（生命への権利，生存・発達の確保）

1．締約国は，すべての子どもが生命への固有の権利を有することを認める。

2．締約国は，子どもの生存および発達を可能なかぎり最大限に確保する。

第7条（名前・国籍を得る権利，親を知り養育される権利）

1．子どもは，出生の後直ちに登録される。子どもは，出生の時から名前を持つ権利および国籍を取得する権利を有し，かつ，できるかぎりその親を知る権利および親によって養育される権利を有する。

2．締約国は，とくに何らかの措置をとらなければ子どもが無国籍になる場合には，国内法および当該分野の関連する国際文書に基づく自国の義務に従い，これらの権利の実施を確保する。

第8条（アイデンティティの保全）

1．締約国は，子どもが，不法な干渉なしに，法によって認められた国籍，名前および家族関係を含むそのアイデンティティを保全する権利を尊重することを約束する。

2．締約国は，子どもがそのアイデンティティの要素の一部または全部を違法に剥奪される場合には，迅速にそのアイデンティティを回復させるために適当な援助および保護を与える。

第9条（親からの分離禁止と分離のための手続）

1．締約国は，子どもが親の意思に反して親から分離されないことを確保する。ただし，

権限ある機関が司法審査に服することを条件として，適用可能な法律および手続に従い，このような分離が子どもの最善の利益のために必要であると決定する場合は，この限りでない。当該決定は，親によって子どもが虐待もしくは放任される場合，または親が別れて生活し，子どもの居所が決定されなければならない場合などに特別に必要となる。
2．以下　略

第10条（家族再会のための出入国）略

第11条（国外不法移送・不返還の防止）略

第12条（意見表明権）
1．締約国は，自己の見解をまとめる力のある子どもに対して，その子どもに影響を与えるすべての事柄について自由に自己の見解を表明する権利を保障する。その際，子どもの見解が，その年齢および成熟に従い，正当に重視される。
2．この目的のため，子どもは，とくに，国内法の手続規則と一致する方法で，自己に影響を与えるいかなる司法的および行政的手続においても，直接にまたは代理人もしくは適当な団体を通じて聴聞される機会を与えられる。

第13条（表現・情報の自由）
1．子どもは表現の自由への権利を有する。この権利は，国境にかかわりなく，口頭，手書きもしくは印刷，芸術の形態または子どもが選択する他のあらゆる方法により，あらゆる種類の情報および考えを求め，受け，かつ伝える自由を含む。
2．この権利の行使については，一定の制限を課すことができる。ただし，その制限は，法律によって定められ，かつ次の目的のために必要とされるものに限る。
 a．他の者の権利または信用の尊重
 b．国の安全，公の秩序または公衆の健康もしくは道徳の保護

第14条（思想・良心・宗教の自由）
1．締約国は，子どもの思想，良心および宗教の自由への権利を尊重する。
2．締約国は，親および適当な場合には法定保護者が，子どもが自己の権利を行使するにあたって，子どもの能力の発達と一致する方法で子どもに指示を与える権利および義務を尊重する。
3．宗教または信念を表明する自由については，法律で定める制限であって，公共の安全，公の秩序，公衆の健康もしくは道徳，または他の者の基本的な権利および自由を保護するために必要な制限のみを課すことができる。

第15条（結社・集会の自由）
1．締約国は，子どもの結社の自由および平和的な集会の自由への権利を認める。
2．これらの権利の行使については，法律に従って課される制限であって，国の安全もしくは公共の安全，公の秩序，公衆の健康もしくは道徳の保護，または他の者の権利および自由の保護のために民主的社会において必要なもの以外のいかなる制限も課すことができない。

第16条（プライバシィ・通信・名誉の保護）
1．いかなる子どもも，プライバシィ，家族，住居または通信を恣意的にまたは不法に干渉されず，かつ，名誉および信用を不法に攻撃されない。
2．子どもは，このような干渉または攻撃に対する法律の保護を受ける権利を有する。

第17条（適切な情報へのアクセス）
締約国は，マスメディアの果たす重要な機能を認め，かつ，子どもが多様な国内的および国際的な情報源からの情報および資料，とくに自己の社会的，精神的および道徳的福祉ならびに心身の健康の促進を目的とした情報および資料へアクセスすることを確保する。この目的のため，締約国は，次のことをする。
 a．マスメディアが，子どもにとって社会的および文化的利益があり，かつ第29条の精神と合致する情報および資料を普及する事を奨励すること。
 b．多様な文化的，国内的および国際的な情報源からの当該情報および資料の作成，交換および普及について国際協力を奨励すること。

c．子ども用図書の製作および普及を奨励すること。
　　d．マスメディアが，少数者集団に属する子どもまたは先住民である子どもの言語上のニーズをとくに配慮することを奨励すること。
　　e．第13条および第18条の諸条項に留意し，子どもの福祉に有害な情報および資料から子どもを保護するための適当な指針の発展を奨励すること。

第18条（親の第一次的養育責任と国の援助）
　1．締約国は，親双方が子どもの養育および発達に対する共通の責任を有するという原則の承認を確保するために最善の努力を払う。親または場合によって法定保護者は，子どもの養育および発達に対する第一次的責任を有する。子どもの最善の利益が，親または法定保護者の基本的関心となる。
　2．この条約に掲げる権利の保障および促進のために，締約国は，親および法定保護者が子どもの養育責任を果たすにあたって適当な援助を与え，かつ，子どものケアのための機関，施設およびサービスの発展を確保する。
　3．締約国は，働く親をもつ子どもが，受ける資格のある保育サービスおよび保育施設から利益を得る権利を有することを確保するためにあらゆる適当な措置をとる。

第19条（親による虐待・放任・搾取からの保護）
　1．締約国は，（両）親，法定保護者または子どもの養育をする他の者による子どもの養育中に，あらゆる形態の身体的または精神的暴力，侵害または虐待，放任または怠慢な取扱い，性的虐待を含む不当な取扱いまたは搾取から子どもを保護するためにあらゆる適当な立法上，行政上，社会上および教育上の措置をとる。
　2．当該保護措置は，適当な場合には，子どもおよび子どもを養育する者に必要な援助を与える社会計画の確立，およびその他の形態の予防のための効果的な手続，ならびに上記の子どもの不当な取扱いについての実例の認定，報告，照会，調査，処理および追跡調査のため，および適当な場合には，司法的関与のための効果的な手続を含む。

第20条（家庭環境を奪われた子どもの保護）
　1．一時的にもしくは恒常的に家庭環境を奪われた子ども，または，子どもの最善の利益に従えばその環境にとどまることが容認されえない子どもは，国によって与えられる特別な保護および援助を受ける資格を有する。
　2．締約国は，国内法に従い，このような子どものための代替養護を確保する。
　3．当該養護には，とりわけ，里親託置，イスラム法のカファラ，養子縁組，または必要な場合には子どもの養護に適した施設での措置を含むことができる。解決策を検討するときには，子どもの養育に継続性が望まれることについて，ならびに子どもの民族的，宗教的，文化的および言語的背景について正当な考慮を払う。

第21条（養子縁組）略
第22条（難民の子どもの保護・援助）略
第23条（障害児の権利）
　1．締約国は，精神的または身体的に障害を負う子どもが，尊厳を確保し，自立を促進し，かつ地域社会への積極的な参加を助長する条件の下で，十分かつ人間に値する生活を享受すべきであることを認める。
　2．締約国は，障害児の特別なケアへの権利を認め，かつ，利用可能な手段の下で，援助を受ける資格のある子どもおよびその養育に責任を負う者に対して，申請に基づく援助であって，子どもの条件および親または子どもを養育する他の者の状況に適した援助の拡充を奨励しかつ確保する。
　3．障害児の特別なニーズを認め，2に従い拡充された援助は，親または子どもを養育する他の者の財源を考慮しつつ，可能な場合にはいつでも無償で与えられる。その援助は，障害児が可能なかぎり全面的な社会的統合ならびに文化的および精神的発達を含む個人の発達を達成することに貢献する方法で，教育，訓練，保健サービス，リハ

ビリテーションサービス，雇用準備およびレクリエーションの機会に効果的にアクセスしかつそれらを享受することを確保することを目的とする。
4．締約国は，国際協力の精神の下で，障害児の予防保健ならびに医学的，心理学的および機能的治療の分野における適当な情報交換を促進する。その中には，締約国が当該分野においてその能力および技術を向上させ，かつ経験を拡大することを可能にするために，リハビリテーション教育および職業上のサービスの方法に関する情報の普及およびそれへのアクセスが含まれる。この点については，発展途上国のニーズに特別な考慮を払う。

第24条（健康・医療への権利）
1．締約国は，到達可能な最高水準の健康の享受ならびに疾病の治療およびリハビリテーションのための便宜に対する子どもの権利を認める。締約国は，いかなる子どもも当該保健サービスへアクセスする権利を奪われないことを確保するよう努める。
2．以下　略

第25条（医療施設等に借地された子どもの定期的審査）
締約国は，身体的または精神的な健康のケア，保護または治療のために権限ある機関によって措置されている子どもが，自己になされた治療についておよび自己の措置に関する他のあらゆる状況についての定期的審査を受ける権利を有することを認める。

第26条（社会保障への権利）
1．締約国は，すべての子どもに対して社会保険を含む社会保障を享受する権利を認め，かつ，国内法に従いこの権利の完全な実現を達成するために必要な措置をとる。
2．当該給付については，適当な場合には，子どもおよびその扶養に責任を有している者の資力および状況を考慮し，かつ，子どもによってまた子どもに代わってなされた給付の申請に関する他のすべてを考慮しつつ行う。

第27条（生活水準への権利）

1．締約国は，身体的，心理的，精神的，道徳的および社会的発達のために十分な生活水準に対するすべての子どもの権利を認める。
2．以下　略

第28条（教育への権利）
1．締約国は，子どもの教育への権利を認め，かつ，漸進的におよび平等な機会に基づいてこの権利を達成するために，とくに次のことをする。
　a．初等教育を義務的なものとし，かつすべての者に対して無償とすること。
　b．一般教育および職業教育を含む種々の形態の中等教育の発展を奨励し，すべての子どもが利用可能でありかつアクセスできるようにし，ならびに，無償教育の導入および必要な場合には財政的援助の提供などの適当な措置をとること。
　c．高等教育を，すべての適当な方法により，能力に基づいてすべての者がアクセスできるものとすること。
　d．教育上および職業上の情報ならびに指導を，すべての子どもが利用可能でありかつアクセスできるものとすること。
　e．学校への定期的な出席および中途退学率の減少を奨励するための措置をとること。
2．締約国は，学校懲戒が子どもの人間の尊厳と一致する方法で，かつこの条約に従って行われることを確保するためにあらゆる適当な措置をとる。
3．締約国は，とくに，世界中の無知および非識字の根絶に貢献するために，かつ科学的および技術的知識ならびに最新の教育方法へのアクセスを助長するために，教育に関する問題について国際協力を促進しかつ奨励する。この点については，発展途上国のニーズに特別の考慮を払う。

第29条（教育の目的）
1．締約国は，子どもの教育が次の目的で行われることに同意する。
　a．子どもの人格，才能ならびに精神的および身体的能力を最大限可能なまで発達

させること。
- b．人権および基本的自由の尊重ならびに国際連合憲章に定める諸原則の尊重を発展させること。
- c．子どもの親，子ども自身の文化的アイデンティティ，言語および価値の尊重，子どもが居住している国および子どもの出身国の国民的価値の尊重，ならびに自己の文明と異なる文明の尊重を発展させること。
- d．すべての諸人民間，民族的，国民的および宗教的集団ならびに先住民間の理解，平和，寛容，性の平等および友好の精神の下で，子どもが自由な社会において責任ある生活を送れるようにすること。
- e．自然環境の尊重を発展させること。

2．この条または第28条のいかなる規定も，個人および団体が教育機関を設置しかつ管理する自由を妨げるものと解してはならない。ただし，つねに，この条の1に定める原則が遵守されること，および当該教育機関において行われる教育が国によって定められる最低限度の基準に適合することを条件とする。

第30条（少数者・先住民の子どもの権利）

民族上，宗教上もしくは言語上の少数者，または先住民が存在する国においては，当該少数者または先住民に属する子どもは，自己の集団の他の構成員とともに，自己の文化を享受し，自己の宗教を信仰しかつ実践し，または自己の言語を使用する権利を否定されない。

第31条（休息・余暇，遊び，文化的・芸術的生活への参加）

1．締約国は，子どもが，休息しかつ余暇をもつ権利，その年齢にふさわしい遊びおよびレクリエーション的活動を行う権利，ならびに文化的生活および芸術に自由に参加する権利を認める。
2．締約国は，子どもが文化的および芸術的生活に十分に参加する権利を尊重しかつ促進し，ならびに，文化的，芸術的，レクリエーション的および余暇の活動のための適当かつ平等な機会の提供を奨励する。

第32条（経済的搾取・有害労働からの保護）

1．締約国は，子どもが，経済的搾取から保護される権利，および，危険があり，その教育を妨げ，あるいはその健康または身体的，心理的，精神的，道徳的もしくは社会的発達にとって有害なるおそれのあるいかなる労働に就くことからも保護される権利を認める。
2．締約国は，この条の実施を確保するための立法上，行政上，社会上および教育上の措置をとる。締約国は，この目的のため，他の国際文書の関連条項の留意しつつ，とくに次のことをする。
- a．最低就業年齢を規定すること。
- b．雇用時間および雇用条件について適当な規則を定めること。
- c．この条の効果的実施を確保するための適当な罰則またはまたは他の制裁措置を規定すること。

第33条（麻薬・向精神薬からの保護）

締約国は，関連する国際条約に明示された麻薬および向精神薬の不法な使用から子どもを保護し，かつこのような物質の不法な生産および取引に子どもを利用させないために，立法上，行政上，社会上および教育上の措置を含むあらゆる適当な措置をとる。

第34条（性的搾取・虐待からの保護）

締約国は，あらゆる形態の性的搾取および性的虐待から子どもを保護することを約束する。これらの目的のため，締約国は，とくに次のことを防止するためのあらゆる適当な国内，二国間および多数国間の措置をとる。
- a．何らかの不法な性的行為に従事するよう子どもを勧誘または強制すること。
- b．売春または他の不法な性的行為に子どもを搾取的に使用すること。
- c．ポルノ的な実演または題材に子どもを搾取的に使用すること。

第35条（誘拐・売買・取引の防止）

締約国は，いかなる目的またはいかなる形態を問わず，子どもの誘拐，売買または取引を防止するためにあらゆる適当な国内，二国間および多数国間の措置をとる。

第36条（他のあらゆる形態の搾取からの保護）

締約国は，子どもの福祉のいずれかの側面にとって有害となる他のあらゆる形態の搾取から子どもを保護する。

第37条（死刑・拷問等の禁止，自由を奪われた子どもの適正な取り扱い）

締約国は，次のことを確保する。

　a．いかなる子どもも，拷問または他の残虐な，非人道的なもしくは品位を傷つける取扱いもしくは刑罰を受けない。18歳未満の犯した犯罪に対して，死刑および釈放の可能性のない終身刑を科してはならない。

　b．いかなる子どももその自由を不法にまたは恣意的に奪われない。子どもの逮捕，抑留または拘禁は，法律に従うものとし，最後の手段として，かつ最も短い適当な期間でのみ用いられる。

　c．自由を奪われたすべての子どもは，人道的および人間の固有の尊厳を尊重して取扱われ，かつその年齢に基づくニーズを考慮した方法で取扱われる。とくに，自由を奪われたすべての子どもは，子どもの最善の利益に従えば成人から分離すべきでないと判断される場合を除き，成人から分離されるものとし，かつ，特別の事情のある場合を除き，通信および面会によって家族との接触を保つ権利を有する。

　d．自由を奪われたすべての子どもは，法的および他の適当な援助に速やかにアクセスする権利，ならびに，その自由の剥奪の合法性を裁判所または他の権限ある独立のかつ公平な機関において争い，かつ当該訴えに対する迅速な決定を求める権利を有する。

第38条（武力紛争における子どもの保護）

1．締約国は，武力紛争において自国に適用可能な国際人道法の規則で子どもに関連するものを尊重し，かつその尊重を確保することを約束する。

2．締約国は，15歳に満たない者が敵対行為に直接参加しないことを確保するためにあらゆる可能な措置をとる。

3．締約国は，15歳に満たないいかなる者も軍隊に徴募することを差控える。締約国は，15歳に達しているが18歳に満たない者の中から徴募を行うにあたっては，最年長の者を優先するよう努める。

4．締約国は，武力紛争下における文民の保護のための国際人道法に基づく義務に従い，武力紛争の影響を受ける子どもの保護およびケアを確保するためにあらゆる可能な措置をとる。

第39条（犠牲になった子どもの心身の回復と社会復帰）

締約国は，あらゆる形態の放任，搾取または虐待の犠牲になった子ども，拷問または他のあらゆる形態の残虐な，非人道的なもしくは品位を傷つける取扱いもしくは刑罰の犠牲になった子ども，あるいは，武力紛争の犠牲になった子どもが身体的および心理的回復ならびに社会復帰することを促進するためにあらゆる適当な措置をとる。当該回復および復帰は，子どもの健康，自尊心および尊厳を育くむ環境の中で行われる。

第40条（少年司法）

1．締約国は，刑法に違反したとして申し立てられ，罪を問われ，または認定された子どもが，尊厳および価値についての意識を促進するのにふさわしい方法で取扱われる権利を認める。当該方法は，他の者の人権および基本的自由の尊重を強化するものであり，ならびに，子どもの年齢，および子どもが社会復帰しかつ社会において建設的な役割を果たすことの促進が望ましいことを考慮するものである。

2．締約国は，この目的のため，国際文書の関連する条項に留意しつつ，とくに次のことを確保する。

　a．いかなる子どもも，実行の時に国内法または国際法によって禁止されていなかった作為または不作為を理由として，刑法に違反したとして申し立てられ，罪を問われ，または認定されてはならない。

b．法的に違反したとして申し立てられ，または罪を問われた子どもは，少なくとも次の保障をうける。
　　　i．法律に基づき有罪が立証されるまで無罪と推定されること。
　　　ii．自己に対する被疑事実を，迅速かつ直接的に，および適当な場合には親または法定保護者を通じて告知されること。自己の防御の準備およびその提出にあたって法的または他の適当な援助をうけること。
　　　iii．権限ある独立のかつ公平な機関または司法機関により，法律に基づく公正な審理において，法的または他の適当な援助者の立会いの下で，および，とくに子どもの年齢または状況を考慮し，子どもの最善の利益にならないと判断される場合を除き，親または法定保護者の立会いの下で遅滞なく決定を受けること。
　　　iv．証言を強制され，または自白を強制されないこと。自己に不利な証人を尋問し，または当該証人に尋問を受けさせること。平等な条件の下で自己のための証人の出席および尋問を求めること。
　　　v．刑法に違反したと見なされた場合には，この決定および決定の結果科される措置が，法律に基づき，上級の権限ある独立のかつ公平な機関または司法機関によって再審理されること。
　　　vi．子どもが使用される言語を理解することまたは話すことができない場合は，無料で通訳の援助を受けること。
　　　vii．手続のすべての段階において，プライバシィが十分に尊重されること。
　3．締約国は，刑法に違反したとして申し立てられ，罪を問われ，また認定された子どもに対して特別に適用される法律，手続，機関および施設の確立を促進するよう努める。とくに次のことに努める。
　　a．刑法に違反する能力を有しないと推定される最低年齢を確立すること。
　　b．適当かつ望ましい時はつねに，人権および法的保障を十分に尊重することを条件として，このような子どもを司法的手続によらずに取扱う措置を確立すること。
　4．ケア，指導および監督の命令，カウンセリング，保護観察，里親養護，教育および職業訓練のプログラムならびに施設内処遇に替わる他の代替的措置などの多様な処分は，子どもの福祉に適切で，かつ子どもの状況および罪のいずれにも見合う方法によって子どもが取扱われることを確保するために利用可能なものとする。

第41条（既存の権利の確保）
この条約のいかなる規定も，次のものに含まれる規定であって，子どもの権利の実現にいっそう貢献する規定に影響を及ぼすものではない。
　　a．締約国の法
　　b．締約国について効力を有する国際法

第Ⅱ部
第42条（条約広報義務）
締約国は，この条約の原則および規定を，適当かつ積極的な手段により，大人のみならず子どもに対しても同様に，広く知らせることを約束する。

第43条（子どもの権利委員会の設置）
　1．この条約において約束された義務の実現を達成することにつき，締約国によってなされた進歩を審査するために，子どもの権利に関する委員会を設置する。委員会は，以下に定める任務を遂行する。
　2．委員会は，徳望が高く，かつこの条約が対象とする分野において能力を認められた10人の専門家で構成する。委員会の委員は，締約国の国民の中から締約国により選出されるものとし，個人の資格で職務を遂行する。その選出にあたっては，衡平な地理的配分ならびに主要な法体系に考慮を払う。
　3．以下　略

第44条（締約国の報告義務）
　1．締約国は，次の場合に，この条約におい

て認められる権利の実施のためにとった措置およびこれらの権利の享受についてもたらされた進歩に関する報告を，国際連合事務総長を通じて，委員会に提出することを約束する。
　a．当該締約国についてこの条約が効力を生ずる時から2年以内
　b．その後は5年ごと
2．以下　略

第45条（委員会の作業方法）
この条約の実施を促進し，かつ，この条約が対象とする分野における国際協力を奨励するために，
　a．専門機関，国際連合児童基金および他の国際連合諸機関は，その権限の範囲内にある事項に関するこの条約の規定の実施についての検討に際し，代表を出す権利を有する。委員会は，専門機関，国際連合児童基金および他の資格のある団体に対し，その権限の範囲内にある領域におけるこの条約の実施について，適当と認める場合には，専門的助言を与えるよう要請することができる。委員会は，専門機関，国際連合児童基金および他の国際連合諸機関に対し，その活動の範囲内にある領域におけるこの条約の実施について報告を提出するよう要請することができる。
　b．以下　略

Ⅲ部　　以下　略

共同研究組織・執筆分担

喜多 明人	早稲田大学文学部　教授	研究代表者（兼任研究員）	Ⅰ・Ⅱ・Ⅲ
山西 優二	早稲田大学文学部　教授	研究協力者（兼任研究員）	Ⅲ
沖　 清豪	早稲田大学文学部　助教授	研究協力者（兼任研究員）	Ⅰ・Ⅲ
片桐 義晴	新宿区障害者福祉協会　職員	研究協力者（特別研究員）	Ⅰ・Ⅱ
出川 聖尚子	白鷗大学女子短期大学部　非常勤講師	研究協力者（特別研究員）	Ⅱ
内田 塔子	立正大学　非常勤講師	研究協力者（特別研究員）	Ⅱ・Ⅲ
角　 拓哉	東奥日報　記者	研究協力者（特別研究員）	Ⅲ
安部 芳絵	早稲田大学大学院文学研究科博士後期課程	研究協力者（研究協力員）	Ⅰ・Ⅱ・Ⅲ
金　 炯旭	早稲田大学大学院文学研究科博士後期課程 （韓国・湖南大学校人文学部非常勤講師）	研究協力者（研究協力員）	Ⅱ・Ⅲ

□　**共同研究・討議協力者**　□

荒牧 重人	山梨学院大学法学部教授		
松倉 聡史	名寄市立名寄短期大学助教授		
田代 高章	岩手大学教育学部助教授		
呉屋 ちさと	小金井市立小金井第三小学校教諭 （早稲田大学大学院文学研究科修士課程修了）	共同研究調査	Ⅲ
陳　 亭如	台湾・嘉義大学非常勤講師 （早稲田大学大学院文学研究科修士課程修了）	共同研究調査	Ⅲ
村山 大介	人事院　職員 （早稲田大学大学院文学研究科修士課程修了）	共同研究調査	Ⅲ
米村 潤史	子どもの権利条約総合研究所事務局員 （早稲田大学大学院文学研究科修士課程修了）	共同研究調査	Ⅲ
堀井 雅道	子どもの権利条約総合研究所特別研究員 （早稲田大学大学院文学研究科修士課程修了）	共同研究調査	Ⅱ・Ⅲ
大日方 真史	子どもの権利条約総合研究所特別研究員 （早稲田大学大学院文学研究科修士課程修了）	共同研究調査	Ⅲ

現代学校改革と子どもの参加の権利
──子ども参加型学校共同体の確立をめざして　　　　　　　　　　　　［早稲田教育叢書］

2004年3月31日　第1版第1刷発行

編著者　喜　多　明　人

編修者	早稲田大学教育総合研究所

　　　　　〒169-8050　東京都新宿区西早稲田1-6-1　電話 03（5286）3838

発行者　田　中　千津子　　　　　〒153-0064　東京都目黒区下目黒 3-6-1
　　　　　　　　　　　　　　　　　　電　話　03（3715）1501（代）
発行所　株式会社　学　文　社　　　F A X　03（3715）2012
　　　　　　　　　　　　　　　　　http://www.gakubunsha.com

Ⓒ Akito Kita 2004　　　　　　　　　　　　　　　　　　印刷所　シナノ
乱丁・落丁の場合は本社でお取替します。
定価はカバー・売上カードに表示

ISBN 4-7620-1313-7

早稲田教育叢書

早稲田大学教育総合研究所　編修

子どもたちはいま——産業革新下の子育て
　　　　　　　　　　　　　朝倉征夫編著　本体 2100 円

多文化教育の研究——ひと，ことば，つながり
　　　　　　　　　　　　　朝倉征夫編著　本体 1800 円

学校知を組みかえる——新しい"学び"のための授業をめざして
　　　　　　　　　　　　　今野喜清編著　本体 2200 円

子どものコミュニケーション意識
　　　　——こころ，ことばからかかわり合いをひらく
　　　　　　　　　　　　　田近洵一編著　本体 2100 円

学校社会とカウンセリング——教育臨床論
　　　　　　　　　　　東清和・高塚雄介編著　本体 2000 円

大学生の職業意識の発達——最近の調査データの分析から
　　　　　　　　　　　東清和・安達智子編著　本体 1800 円

教師教育の課題と展望——再び，大学における教師教育について
　　　　　　　　　　　　　鈴木慎一編　本体 2000 円

コンピュータと教育——学校における情報機器活用術
　　　　　　　　　　　　　藁谷友紀編　本体 1500 円

数学教育とコンピュータ
　　　　　　　　　　　　　守屋悦朗編　本体 2300 円

ファジィ理論と応用——教育情報アナリシス
　　　　　　　　　　　　　山下元編　本体 1700 円

英語教育とコンピュータ
　　　　　　　　　　　　　中野美知子編　本体 1700 円

経済学入門——クイズで経済学習
　　　　　　　山岡道男・淺野忠克・山田幸俊編著　本体 1700 円

環境問題への誘い——持続可能性の実現を目指して
　　　　　　　　　　　　　北山雅昭編著　本体 2000 円

国語の教科書を考える——フランス・ドイツ・日本
　　　　　　　　　　　　　伊藤洋編著　本体 2100 円

ジェンダー・フリー教材の試み——国語にできること
　　　　　　　　　　　　　金井景子編著　本体 2100 円

国語教育史に学ぶ
　　　　　　　　　　　　　大平浩哉編　本体 1700 円

新時代の古典教育
　　　　　　　　　　　　　津本信博編　本体 1800 円

「おくのほそ道」と古典教育
　　　　　　　　　　　　　堀切実編　本体 1800 円